CILA OU CARIBDE: VOL. I – ÊXTASE E AUTO-GLORIFICAÇÃO

Rafael "Cila" de Araújo Aguiar

PREFÁCIO – PROLEGÔMENOS

A página outrora hospedada em http://xtudotudo6.zip.net, conhecida por mim, meus amigos e leitores por "meu blog" ("blog do Rafa"), "X-Tudo", "O Esgoto a Céu Aberto na Sua Rua" e outros títulos mais ou menos provisórios, foi meu principal veículo de comunicação com o mundo desde o ano 2005, quando eu fiz meus 17 anos.

O projeto de me expressar para um público imensamente restrito foi pouco a pouco se alargando e adquirindo proporções quase que incontroláveis, a ponto de eu demorar mais de quinze anos para pagar minha dívida de gratidão com este espaço na web: este livro é o resultado de uma seleção esmerada e carinhosa, um tributo ao meu blog, os meus "melhores momentos" em papel – pelo menos desde que tudo começou até um belo dia de agosto de 2009 (ou seja, uma modesta mas auspiciosa *primeira parte*). Se meus posts online fossem jogadores de futebol nascidos no Brasil, este livro seria a convocação da seleção brasileira dos 97 textos favoritos do autor num intervalo de 3 anos, se é que deu para pegar a metáfora. De alguma forma, entretanto, mesmo que tenha sido um percurso tão acidentado e contingente, sinto que sempre soube que ia dar no que deu, a começar pelo estranho *login* que eu inventei para o blog: "xtudotudo", representativo da miscelânea de assuntos ali tratados. Nada mais pós-moderno, eu diria.

Resolvi preservar as principais características e o conceito de um blog para que este livro, que se diz homenagem, não perdesse o charme do *media* original: os textos mais atuais se encontram nas primeiras páginas; mais "embaixo", "rolando a barra", o "internauta" poderá ler meus fragmentos autorais mais antigos. Ou pelo menos aqueles em nível de publicação. O que quer dizer que quem quiser ler o Rafael mais jovem e remoto terá de procurar primeiro nas últimas páginas. O esquema das datas também foi preservado, deixando o livro com uma indisfarçável cara de diário eletrônico. Além disso, em adição aos posts originais, foram acrescentadas #hashtags no cabeçalho de cada texto, para dar uma idéia imediata do que será tratado a seguir. Quem preferir ler por temas poderá se guiar pelo ÍNDICE DE ASSUNTOS da seção final do livro, que conta com **12 temas-árvores**. Alguns textos se sobrepõem às categorias escolhidas, pertencendo a mais de uma simultaneamente, como os galhos de troncos alheios costumam também se engalfinhar.

Em suma: a coluna de jornal que eu sempre sonhei ter e nunca tive – coisas de um desertor do curso de jornalismo – ganhou um novo formato, não menos atraente, a meu ver!

Assinado: Rafael "Cila ou Caribde" Aguiar

P.S.: Nomes de pessoas citadas em posts biográficos foram suprimidos para iniciais, omitidos com *** ou trocados/ficcionalizados. Exemplo: C., D., G., R., B., Ta., Eliana, Luciana, Alexandre, A****** etc. As exceções são meus amigos Igor, Michelle, Dimitri e Maurício e alguns professores saudosos, como Carlos Gomes e Marco Aurélio.

ÍNDICE

10 de agosto de 2009
Internet e inferno... Alguma diferença? 13

8 de agosto de 2009
A chave universal das religiões e do homem 15

18 de julho de 2009
Acerca da auto-imagem 16
Ninfomania é encarceramento corporal! 18

9 de julho de 2009
Meu pensamento-mor 19

8 de julho de 2009
Retroceder-11: Epílogo: Vida noturna & Outras considerações 21

5 de julho de 2009
Meu time é Michael Jackson mais 10 24

19 de junho de 2009
Origem etimológica dos meus significados no devir 28

3 de junho de 2009
Niilismo candango 31

24 de maio de 2009
Da Lei da Luciana ou da Ditadura das festas 32

3 de maio de 2009
A falta de sentido dos campeonatos estaduais 33

21 de abril de 2009
Êxtase e auto-glorificação 37
A maior tolice: Escrever para preservar / O jorro d'água 40

26 de março de 2009
Hegel, Marx e Nietzsche: Aristóteles, Platão e Sócrates de cabeça para baixo 41

22 de março de 2009
Retroceder-8: Considerações ambíguas a respeito das personalidades na História 44

13 de março de 2009
Adeus vida boa 46

Êxtase e Auto-glorificação

2 de março de 2009
Uma (duas) ode(s) ao amor impossível 48
Deixar levar pela humana natureza 49

17 de fevereiro de 2009
2300 anos depois... 49

12 de fevereiro de 2009
Vontade de (exercer) poder 51

10 de fevereiro de 2009
O sonho-parábola perfeito 53

7 de fevereiro de 2009
Minha intempestiva III: Das várias metáforas que eu encarno (versão do escritor) 55

1º de fevereiro de 2009
Mea culpa 58

31 de janeiro de 2009
Eu Dantesco 60

28 de janeiro de 2009
Três anos depois... / Ode à vitória 61

23 de janeiro de 2009
Análise psicológica do sexo no porvir 62

22 de janeiro de 2009
O melhor gole d'água 63
Desencanto e reencanto do mundo 65

13 de janeiro de 2009
Nietzsche contra todos: Apologética do homem 68
A vendeta e o mal-entendido: O centro, a lente e o rebanho 70

4 de janeiro de 2009
Reflexões (sobre Tolstoi, Nabokov e outros) 72

29 de dezembro de 2008
Emburrado com a imprensa 74

8 de dezembro de 2008
O Idiota 74

7 de dezembro de 2008
De arrepiar a raiz dos cabelos 75

5 de dezembro de 2008
Contingência e pessimismo não se tocam 76

24 de novembro de 2008
(sem título) 77

CILA OU CARIBDE

22 de novembro de 2008
Crime, castigo e anotações... 78
Elefantes acadêmicos 79

21 de novembro de 2008
O que fazer com a mediania? 80
Poemeto Gusano / Arqui-inimigo transcendental / Ditaduras & Glóbulos 82

3 de novembro de 2008
(sem título) 82

7 de outubro de 2008
Por que a prostituição jamais esteve tão presente após a crise da instituição do casamento no Ocidente hodierno e não o seu contrário 84

6 de outubro de 2008
A indiferença votacional e o problema da universidade (pública ou outro modelo qualquer) 87

2 de outubro de 2008
Filosofia do Amor – Georg Simmel 92

23 de setembro de 2008
Jamais fomos modernos 94

13 de setembro de 2008
A Autogestão Iugoslava – Bertino Nóbrega Queiroz 96

10 de setembro de 2008
Constituições ao redor do mundo segundo Sartori 98

31 de agosto de 2008
A calamidade invisível no pilotis: Uma etnografia de um condomínio típico de classe média 99
Transcender-5: Vontade de Potência Volume II: Um complemento de leitura 108

23 de agosto de 2008
Transcender-4: O Antigo Regime e a Revolução – Tocqueville 114

16 de agosto de 2008
Prova da Inexistência de Deus! 116

5 de agosto de 2008
Conhaque e All-Star preto: Sonhos de um ex-futuro professor 118

27 de julho de 2008
Transcender-3: O Dezoito Brumário de Luís Bonaparte – Marx 119
Por que você não luta? 121

Êxtase e Auto-glorificação

17 de julho de 2008
Má qualidade no ensino público brasileiro (e particularmente no DF) 125

Transcender-2: De várias "coisas-pessoas": Do efeito-estufa ao supra-homem, passando pelo "chaveiro miraculoso" 127

11 de julho de 2008
A minha chuva subjetiva 130

10 de julho de 2008
Lado B Lado A 131

8 de julho de 2008
TRANSCENDER-1 132

3 de julho de 2008
O vice-campeonato mais ardido de todos os tempos 133

20 de junho de 2008
Ciclo-Gaia 137

13 de junho de 2008
Carta cibernética otimista 138

5 de maio de 2008
Antes que o blog completasse três anos, eu dei uma volta em mim mesmo, fiz uma revolução 139

27 de abril de 2008
O gongo já soou, você tem que lutar (até o décimo round)! 140

3 de abril de 2008
Karl Marx e Friedrich Nietzsche: Verossimilhanças 141

19 de março de 2008
Ditaduras tácitas 145

9 de março de 2008
Leitura dinâmica do niilismo europeu & Fragmentos com-sem-sentido-e-sentimento 151

27 de fevereiro de 2008
Sociedade do espetáculo e encontros casuais 157

20 de fevereiro de 2008
Maciota Bem-vinda Maciota 159

18 de fevereiro de 2008
O nosso segredo mais íntimo 159

CILA OU CARIBDE

11 de fevereiro de 2008
Esquizofrenia e a cartilha do sucesso:
Esperando G.... 162

7 de janeiro de 2008
Da passagem e da contingência da
estadia no vagão 163

24 de dezembro de 2007
Verbete do dicionário imaginário sobre
teatro grego para jovens contemporâneos: DEUS EX MACHINA 166

19 de setembro de 2007
Para onde vão? 167

19 de agosto de 2007
Cidade, ou o fim do horizontal 167

30 de julho de 2007
Os planistas: "Ninguém não tem
preconceitos" 173

7 de julho de 2007
"Sobre" o niilista não-suicida 175

23 de maio de 2007
Ladrões de parabólica, ou: Dos vários
paradoxos que circundam o homem
Berlusconi 178

25 de abril de 2007
Gosto não se discute, se impõe 182

14 de março de 2007
Hoje 183

1º de março de 2007
O complexo do superior: Carnaval
infernal III 184

28 de fevereiro de 2007
Réquiem do Espírito 186

20 de fevereiro de 2007
Carnaval infernal I 187

2 de fevereiro de 2007
Carro, pra que carro? 188

30 de janeiro de 2007
Elephant, de Gus Van Sant 189
Timidez... 195

28 de janeiro de 2007
Amor: Singular? 197

17 de dezembro de 2006
Merda amarela, parte II? 199

1º de dezembro de 2006
Plutão no banco dos réus: cósmico ou cómico? 200

30 de novembro de 2006
O joalheiro e o jornalista 202
Os Mestres da Verdade na Grécia Arcaica 204
Platão X Descartes, por Lebrun e eu 214

6 de julho de 2006
Posse de bola, talento individual & outras considerações em: França x Portugal 219

1º de julho de 2006
Hora das críticas pesadas: Esse negócio de corrente pra frente não está com nada! 223

ÍNDICE DE ASSUNTOS 227

10 de agosto de 2009

#Antropologia & Religião #Prosa Não-ficcional #decadência #FimdeAmizades #juventude #loucura

INTERNET E INFERNO... ALGUMA DIFERENÇA?

Esta noite sonhei acordado no banheiro com o que significa o abismo entre o eu-mesmo-hoje e o eu-mesmo-adolescente. Foi como ter visto um filme autobiográfico e imensamente esclarecedor – como se agora esse meu futuro maldito e encarniçado realmente fizesse algum sentido... sim! Porque estava faltando alguma peça da engrenagem. Uma peça da engrenagem chamada "cabeça": como quando você se levanta depressa demais, e aí não sente a circulação sangüínea nos miolos. Aquele esvair-se, sair de si, crer por poucos segundos que tudo não passou de ilusão, de um enorme equívoco... antes de retomar a serenidade, o fluxo coerente e a mania de ordem típicos das coisas. Quando se está prestes a desmaiar – um ato parente da morte – estes eventos de escape são possíveis. Dessa vez é como se tudo acontecesse embora eu tenha conservado ininterruptamente minha lucidez. É no momento em que indagamos boquiabertos: "não poderia ser essa rota de fuga a jornada até a luz, ao invés de um devaneio pueril e bastardo?". Sentado na privada, com a boca escancarada e cheia de dentes – exatamente como o Raul. E o que se pode dizer de uma raça entrópica, que a cada segundo encara com mais seriedade a idéia do fim? Essas duas últimas semanas foram tão conturbadas – não, na verdade este ano inteiro, que passou a galope (o ano europeu) – que há somente alguns dias eu quase arrancava os cabelos por pensar que meus surtos psicóticos haviam se intensificado em tal ordem que dali em diante seria quase impossível voltar a escrever sem parecer um babaca. Um louco que se olha no espelho, mais louco a cada piscada, perdendo o estilo! Será que é assim que se dá? Loucos – ninguém pensa neles como seres humanos, para começar. Isso não é novidade. Mas e o doido de passaporte, aquele que nasce são da cabeça – por mais que seja um doente do pé – e de repente... BOOM! Como é essa bomba? Qual a velocidade da explosão, de onde ela é disparada, e pode ser sentida?

Êxtase e Auto-glorificação

Ninguém voltou do seu mundo de Alice para contar! Percebeu? É como com os vampiros ou zumbis – uma vez que os homens tenham mudado de time estarão assim para sempre. A humanidade nunca ganha "novos adeptos", a não ser pelos nascidos, que podem muito bem já pertencer a um dos subgrupos "exógenos". **Um louco não vira gente. Jamais. Mas a gente vira louco. Um demente salivando – quadro terminal. Um galã engravatado – quadro transitório. ETERNA decadência...** Sabem qual a diferença entre um velho e uma criança? A rigor, nenhuma! A diferença de tratamento se explica pelo fato de a criança ter um futuro. O doido – quer dizer, o velho – já se despediu, converteu, foi exonerado, deserdado, há muito tempo! A tragédia é que deveriam deixar as crianças mal-criadas! É imperdoável essa salvação, que promovem, dos doidivanas desde cedo, na escola.

Me distanciei daquilo que tinha em mente – são os *sintomas*! Não, brincadeira, e não é infeccioso. Há pouco tive um *déjà vu* da minha adolescência. É muito fácil ver esse período evaporar sem sacar nenhuma lição do passado! Pode ser que eu não dispusesse de outras formas de convívio, mas é determinante em meu devir entender que o conto de fadas cibernético da pessoa feliz e sem machucados tem de ser mantido no sepulcro. As seqüências infelizes, desditosas, que foram me tirando das pessoas, suscitam a única dor que eu lembro de doer. **Quando digo *doer*, concebo o insuportável.** Não me interessa, entretanto, não mais, o pirata que me roubou o tesouro. Antes um obrigado àquele que lhe passa uma rasteira para a qual você não se prevenia do que às mãos estendidas, quando é de rampas que precisamos tanto. Sorrisos, amizades, cumplicidade, o bem-querer coletivo, a cristandade, o tartufismo (e agora até o *tartastufismo*)... Abrace-os e você não será ninguém.

A Internet é a vilã – a antagonista de sempre – dessa minha história porque ela comunga os jovens com a força de cem elefantes, e preste atenção, pois você *está* num safári! Até que seja um escoteiro, é melhor tomar cuidado onde pisa. Natural que eu fosse ano a ano perdendo minha popularidade dos 15 aninhos, já que eu estava destinado a não ser só mais um. A empurrar a grande pedra. A contribuir muito mais do que vocês! Esse texto aparentemente suicida – tudo só se materializa *por causa* da Internet – é a prova de que *eu* fui eleito: fosse eu um reles mortal estaria lendo o blog dos outros, *aceitando* a opinião alheia... Gradativamente, para a alma limpa, a gentalha vai perdendo o interesse. Eu só quero me afogar no mar da minha própria prosa, do meu próprio ego. É esse o meu justo direito. Se, para o sábio, a solidão, *no final*, é péssima, ele precisa dela ao menos noventa por cento do tempo, no decorrer de todo o processo. Ou vocês acham que aquele chamado, no Monte Sinai, foi simples, literal e sem-esforço? Ser eleito, confesso, depende da sorte das estrelas. Mas tudo o que eu fiz, fui eu que escolhi e sofri para fazer, não existe essa de cu para a Lua! Quando é que vocês vão entender isso?

8 de agosto de 2009

#Antropologia & Religião

A CHAVE UNIVERSAL DAS RELIGIÕES E DO HOMEM

Em um dos pólos temos a humanidade terrena frágil, projeto passageiro, que um dia sucumbirá diante do Apocalipse. A alma, no entanto, é eterna, porque assim quer o Espírito Santo. O oposto exato se dá entre os helênicos, como também entre aqueles do Leste, os mais velhos do mundo, antípodas destes crentes-no-além: a vida é linear e chega a um termo, embora as gerações se sucedam e reapareçam na sua estrutura de círculo. Todas as crenças humanas através de cada século e milênio oscilam entre essas duas cosmovisões, maneiras de conceber e criar seus universos.

No meu lastro mais remoto, deuses. No espectro mais distante do horizonte, deidades outrossim. O que ocorre para que eu seja tão débil e de carne? Porque apenas os deuses se inferiorizam diante de minha luz! Hoje também estou no Olimpo e vivo com meus irmãos. Nossos nomes serão alterados, mas nossos feitos preservados.

18 de julho de 2009

#**Filosofia** #estética #existencialismo #**Psicologia** #estereótipos #**Sociedade** #amor #**MídiasDigitais**

ACERCA DA AUTO-IMAGEM

Sobre o incômodo de ser filmado, fotografado, gravado e exibido por aí. Essa "**Síndrome de Glauber Rocha**" (que declarou que quem se sentia à vontade em frente de uma câmera segurando um microfone deveria ter sérios distúrbios mentais) sentida na carne por quem, após o momento de aperto, pergunta ao amigo mais próximo: "Como me saí?".

*"Esse constante mal-estar, que é a captação da alienação de meu corpo como irremediável, pode determinar psicoses como a **ereutofobia**; tais psicoses nada mais são que a captação metafísica e horrorizada da existência de meu corpo-para-outro."*
SARTRE, Jean-Paul, *O Ser e o Nada*, p. 443 [grifos sempre meus]

CILA OU CARIBDE

Quanto mais amor-próprio, mais **náusea** (a nomenclatura é sartriana) diante dessas representações "objetivas". A prova de que eu não estou equivocado é que me gosto ao espelho. Talvez já não me goste no espelho do elevador, acompanhado. Talvez deteste essas minhas extremidades anti-Popeye. Gostava de ser tão maior que minhas namoradas – estilo protetor. Outrossim, o beijo é sempre belo. Não cheguei à louvação do sexo-espelhado de D., no entanto!

Deve ser a natureza da lente viscosa do equipamento, que tira meu brilho e minha luz. O sol é meu amigo! Os lixos se sentem coesos entre si. Mas basta ver uma mulher para saber que ela se detesta quando acorda.

> *"Diz-se comumente que o tímido se sente 'embaraçado pelo próprio corpo'. Na verdade, esta expressão é imprópria: eu não poderia ficar embaraçado pelo meu corpo tal como o existo. Meu corpo tal como é para-o-outro é que poderia me embaraçar."* ibid.

Ninguém tem vergonha de sua voz idiossincrática. Minha neurose platônica: quem sabe os outros me percebam como eu **realmente** sou! Desses trastes, quem é que consegue se ler imaginando um ser brônzeo como eu detratando aquilo tudo, aquele castelinho de areia? De pavão a verme num segundo.

Narcisista? Eu diria que esse mundo da superexposição é o contrário! Álbuns do Orkut: como alguém gostaria de ser visto. L., a magra. T., o sério. Eu, o melhor. M., 'a' mulher. B., a sedutora. M., a misteriosa, psicodélica, elegante. Th., a audaz. I., a mínima. Ta.: ainda mais bela e irresistível. De.: suprema e centro do universo. S.: o eterno boêmio. F.: a despojada. Mas eu... eu matei meu *alter ego*, me tornei *o alter ego dos outros*. "Que foto horrível!" "Obrigado pelo elogio, sem tonsilas!". E aí vem a tendência das fotos de banheiro, das fotos de chupeta...

Concluindo: não se trata de uma lei "quão menos satisfeito consigo, mais o sujeito se apreciará em terceira pessoa"; o artista é a refutação disso e é o **meu ideal**. Ele se exprime bem. Um texto meu é o ápice da beleza. Devo maximizar isso *corporalmente*. Creio que vim tendo o êxito que é possível. E, aliás,

Êxtase e Auto-glorificação

quanto à lei, pelo contrário, eu até exagero nesse desagrado. Uma gorda horrorosa seria realista. São "sem conserto": a vantagem da graciosa. O fraco: desenvoltura que parece maior na foto ("sou ela!").

Outra coisa: por que sempre me decepcionava com as fotos **dela**? Se já a via assim! Fusão de essências?

Explicação do meu ideal e síntese do meu dilema amoroso:

O que se sucede é que meu tipo de arte vai CONTRA toda a estética. Só umlheres esquisitas podem vir a gostar de mim. Mas minha carga já é forte demais para eu ter o mesmo tipo de preferência... Eis o impasse! É como se houvesse dois Rafaéis: o jovem hedonista de 21 e o mestre trágico *par excellence*. Eu quero a bela, harmônica, simétrica, sensível a minha assimetria.

"jamais encontro meu corpo-para-outro como obstáculo; ao contrário, é porque nunca está aí, porque permanece inapreensível, que tal corpo pode ser importuno (...) Eis por que o empenho do tímido, após constatar a inutilidade de suas tentativas, consistirá em suprimir seu corpo-para-outro."

* * *

#Poesia

NINFOMANIA É ENCARCERAMENTO CORPORAL!

UnB ampliando a devassidão... **Ressaca**: estranha sub-consciência... É como se fosse um bêbado com tino para escrever...
{ um brinde }
Quarto autômato mãos escrito tela MEGAPIX Ah! POESIA CONCRETA, AGORA? Pé dedo mão joelho – **barriga** – CABEÇA

Cigarro, stress... livros, economia, surrealismo, futurismo menos ismo, sonambulismo!

Copo d'água que me salva. Chocolate caspa borrachudo ai picada gordura superfície frigideira lata-velha lar patriarcal

Marinês Lispector!

Quando um amor explode? Acho que nunca por decreto.
Desconto – e não é de loja! Só isso já vai me fazer não sonhar com o Super Mario.

Pelotão anti-concentração. Gênio louco e tarado, é o que eu sou! Por que me olham de lado? Metal – fluxo. CANTAR, ah sim! Como posso com tanta facilidade me olvidar? Um bom papo, um bom teatro... Em falta, e nem com Harry Porta. Esforço final – já estou no ½. E há 4 meses eram planinhos autômatos estúpidos – tempo para digestão e para ver televisão. Está claro, de mais a mais, que um *tour de résidence* é insuficiente, P.! Já visitei um hospício... mas nada como meu quarto. Correndo a rabo feito cão. *Being a cheerleader is always good!* "2h de Ódio" VOLTAMOS AO PONTO NEGRO!

Eu sou um Zaratustra **pontual**. Cada vez menos pontos na guerra naval...

9 de julho de 2009

#**Filosofia** #metafísica #**PensamentoÚnico** #**Poesia**

MEU PENSAMENTO-MOR

A verdadeira compreensão do eterno retorno (datada de 20 de maio de 2009):

Nunca houve um Adão nem tampouco haverá Apocalipse e adeus. Tudo transcorre na mais perfeita naturalidade e ininterrupção: a humanidade é perpétua. Aliás, é o próprio universo. Um casal dá origem a seus filhos e os filhos a netos... isso nunca começou e não terminará, e o caso é que tal idéia soa muito complexa dada a finitude da vida e a noção de expansão-retração do cosmo. Mas eia! Logro a explanação pelo posterior:

"O meu filho mais distante é meu próprio pai"

O que eu fiz? Trouxe o eterno retorno da Física ingênua até os estertores da consciência, daquele-que-percebe e sem o qual nada há!

Dada a configuração paroxística do devir, há sempre o embate de duas macroforças: a anelídea e a cristã, da qual sou o elo perfeito. Nasci em 1988 e sou meu próprio neto, descendente mais distante e mais próximo! Esta é a máquina divina da procriação e auto-louvor! Incomensurável momento dos momentos, esta linda linha. Por causa do cristianismo, da temporalidade irrevogável e da linha reta, temos mitos de origem e desfecho. Porém do ângulo da minhoca – vê-se que minha extensa ligação com este animal não é vã – há um singular *mito-sendo do retorno*. O que é não deixa de ser mesmo quando deixar – seria a forma concreta de relatar o fenômeno, irrepreensível, mas estranha à lógica que é a mãe de minha escrita. Por isso eu sou os dois, o pecador e o dançarino invicto. Eu mesmo me contei e inventei toda a narrativa.

O Adão borrado deve ser meu filho, meu primeiro pai. Terá mesmo um nome grego? Adonis?! Como não há notícia de último homem, infiro que ele é cada um de nós. Somente eu como demiurgo poderia castigar alguém assim. Minha lâmina de tudo corta, sem cortar...

((Sol))

(Terra) ((((((mar))))))

{de fato, não é um esquema inédito. Eu sou o gênio do detalhe!}

Essas coisas, e os quadrúpedes inferiores, por exemplo, nunca saíram daqui. Nenhuma Guerra Mundial ou Holocausto foi mais grave do que envergonhar. Nenhuma intempérie esfriou temperamentos. Alakazan, LE-GO. Moléculas e coacervados: puro jogo de cena! Nunca houve bárbaro com cordas vocais se espernando e urrando para aprender palavras. Todos tiveram pai e mãe humanos e uma série de circunvizinhos. E, com efeito, são 5, 6, 7 mil anos e nada mais! Ninguém trouxe o fogo, me desculpe! Ou, para cada pessoa, foi um sujeito alternativo o gestor.

Adormecer esse pensamento significa torná-lo verídico, pois preciso esquecer do círculo para formá-lo. E conformá-lo ao meu eu.

Nunca houve um Adão nem tampouco haverá Apocalipse e adeus. Tudo transcorre na mais perfeita naturalidade e ininterrupção: a humanidade é perpétua. Aliás, é o próprio universo. Um casal dá origem a seus filhos e os filhos a netos... isso nunca começou e não terminará, e o caso é que tal idéia soa muito complexa dada a finitude da vida e a noção de expansão-retração do cosmo. Mas eia! Logro a explanação pelo posterior:

"O meu filho mais distante é meu próprio pai"

O que eu fiz? Trouxe o eterno retorno da Física ingênua até os estertores da consciência, daquele-que-percebe e sem o qual nada há!

Dada a configuração paroxística do devir, há sempre o embate de duas macroforças: a anelídea e a cristã, da qual sou o elo perfeito. Nasci em 1988 e sou meu próprio neto, descendente mais distante e mais próximo! Esta é a máquina divina da procriação e auto-lo

8 de julho de 2009

#**Música** #decadência #**Prosa Não-**ficcional #**Sociedade** #hedonismo

RETROCEDER-11 – 14/03/09– presente
EPÍLOGO: VIDA NOTURNA E OUTRAS CONSIDERAÇÕES

Escrito de 14 de março a 8 de julho, ao som de Pantera, álbum Cowboys from Hell.

1) Sair ou não sair?
Para uma vida como a minha creio ser impossível se aproximar muito dos extremos. Admitamos uma saída a cada duas semanas como uma média razoável para não embotar. Um supra-homem não se contentaria com uma resolução definitiva, nem é possível que se opte entre uma existência ascética e outra cigana, como acreditei por uma noite...

2) Com quem? Para que lugares? É possível sair só?

Êxtase e Auto-glorificação

Novamente a questão dos extremos: não existe o divertimento e o momento inesquecível a que se visa sem que se trave ao menos um diálogo. A catarse não se cumpriria, seria como um passeio pelos arredores para fumar ou meditar. Porém minha natureza é veementemente contra "panelinhas". É uma encruzilhada dificilmente transponível. Ao mesmo tempo, mesmo o mais digno eremita não poderia se blindar em uma cidade como Brasília: aparecerão conhecidos. Mas há problema em andar sozinho e se deparar com essa gente? Parece meu mundo ideal e no entanto aparenta a conduta de um desviado social. Não fôra um desviado social e eu seria um demente! Devo encontrar um equilíbrio entre essas situações. Posso beber estando isolado num ambiente não-metal? Receio que nunca fiz esse TESTE. Compro umas cervejas, assisto ao show. Parece monótono.

Pessoas me invadem e me arrependo de me abrir, mais tarde. No entanto, de que vale, também, a porta toda fechada? Nem as imbecilidades de 2007 nem a quietude soberba de 2008. Salvo excepcionalidades, não devo ir a esses "eventos dos jovens medíocres".

Meu terreno é o METAL, devo fincar raízes nele e isso não significa ser de tal ou qual grupelho. Freqüentar esses concertos por si só me contenta e revitaliza, além do que <u>sempre</u> há conhecidos ou então haverá, já a curto prazo. Oferecer cigarros é meio caminho andado...

Blackout, Blues Pub: vale a pena virar uma noite pelo metal e por essa sensação de "refresco"? Só o devir dirá se não se tornará tão-somente um filosofar ainda menos grato – tudo que é freqüente se transmuta em aborrecido (embora a melodia de *Cemetery Gates* me invada de tal maneira que clamo por reviver essas lembranças sem pestanejar!).

Bem, talvez eu seja forte para evitar. E então o quê? Eu não dei chances para a única pessoa que atualmente me chama: Eliana. Não são programas-metal e se trata de uma panela – que nos brinda com muitas ressacas (terríveis, eu diria...). Não devo perder contato, é meu único porto e meu orgulho se ressente. (Só o futuro pode confirmar o apagar das luzes.)

E daí se não houvesse mais porto algum? Não é o que eu mais quero?

(*P.S. s/ data certa*) Aqui se reacende meu conflito primordial: quando me afasto do rebanho – não há como ser gregário sendo tão sábio – me aproximo das não-pessoas – a tecnologia –, da qual vim tão temerosa e bravamente me afastando nas últimas férias. É impossível um duplo adeus, e creio que diante do **meu atual humor** me aproximar demais de um é cortar tempo reservado ao que sobra. Certamente esta é a ponderação mais árdua dos meus 20 aos 24 anos. Sair e beber implica, além do mais, a manutenção do problema da saúde. Meus intestinos precisam de Apolo; mas sem Dioniso até os Jardins do Éden se afeiçoam a um ferro-velho tóxico. Parece que eu nunca estou suficientemente numa rota. Nem suficientemente administrando as duas rotas! **Este drama de personalidades é severo.** Um dia ainda vai provocar minha calvície. Por que não encontro Anti-Édipos com quem acoplar? De dinheiro também não disponho. Estou condenado a ser um cata-vento no vórtice de vários vendavais. Sociedade do dor-prazer. Mais do que sociedade, posto do dor-prazer. Lar privilegiado. Sinuca de bico como nunca vi noutro lugar. Ócio ou trabalho? Trabalho que eu escolho e no qual consumo minhas forças em reserva ou simplesmente um desperdício incessante e ritmado? Cheiro de morte. Não obstante, inútil "ficar cheirando": como se <u>o-eu-cotidiano</u> escolhesse alguma coisa!)

Para ser forte, devo sofrer. Sofrer desse tanto. Não obstante, me sinto um tolo com deficiência de aprendizado – qualquer coisa que se assemelhe ao rato de biblioteca me é degradante.

Não posso deixar de ir – tornou-se minha pele. Além disso, como ignorar os grandes eventos? Mudo de idéia sobre a Eliana muito depressa. Ela tem algo que indica paralisia, e não movimento, regressão nos meus instintos.

Bares são amáveis, mas não há bar sem quórum. Mas nada de se lamentar! (última rodada – na primeira rodada do

Paulista...) Até as festinhas de centro acadêmico são caras a minha memória; será que esse movimento de cultuar o passado interrompido não cessa? Não lembro de me dar por satisfeito em algum presente. Mesmo no primeiro amor, eu fazia sempre planos ambiciosos... Dos males o menor: prefiro ser um sujeito prestes a fazer grande negócio do que uma alma deprimida. Plano "D.", Plano "N"... de nada?

Poderia debater indefinidamente...

À beira de um colapso, de uma deterioração irrevogável do sistema nervoso.

Cadê meu ÓPIO?! O opiato sempre estará aqui?

5 de julho de 2009

#Filosofia #AforismosSábios #Música #decadência #pop

MEU TIME É MICHAEL JACKSON MAIS 10

Algumas considerações sobre atualidades, coisa que tenho me preservado de fazer nesse blog...

...sem esquecer do meu projeto filosófico

A década 2000 (estranho nome para uma década), todo mundo sabe, é a mais fraca em termos musicais, desde que ouvir e fazer (quem não tem ou teve uma bandinha ou quem não experimentou aqueles softwares que não exigem o menor conhecimento da escala musical por parte do operador?) Música se tornou natural, popular, descaracterizando, aliás, esse "M" maiúsculo de Música, provavelmente uma herança das Musas gregas, privilégio de poucas almas nobres...

"Geração banda-larga" é como apelido essa safra de adolescentes (de até 30 anos!) orkuteiros e usuários do Last.fm, a nova usina sonora do mundo. Obviamente, eu tenho conhecimento de causa porque possuo contas nos dois universos: estas redes são mais do que simples *voyeurismo*. Agora são sites os melhores termômetros para medir o alcance e o impacto de um artista consagrado ou de uma revelação.

Nos *charts* da Last, que não devem ter mais do que 6 anos de rodagem – o que permite algumas distorções, como pensar que Green Day (64 milhões de execuções) e U2 (56 milhões de faixas até este momento) são melhores, mais influentes e mais importantes do que foram Ray Charles (8 milhões) ou Jimi Hendrix (25 milhões) –, os líderes incontestáveis são Radiohead e Beatles (173 e 171 milhões de captações, respectivamente). Completando o pódio, um sonolento Coldplay – o que salva um pouco é que o Metallica vem logo a seguir. Os Beatles, o único desses grupos que não está mais na ativa, é um caso à parte, já que o Last.fm adora entronizar os fogos-de-palha. E não tem outra pretensão, pois não passa da ponta de um iceberg de alguns séculos de História.

Esses números, lembrando, só crescem, pois vão da inauguração do serviço até aqui. Um golpe do acaso, semana passada, deixou bem claro o quanto esse tipo de ranking por contagem absoluta é falho: a morte de Michael Jackson, aos 50 anos. Ele pulou do sexagésimo sexto lugar para o primeiro, no recorte semanal. Imagine as estatísticas do "dançarino da Lua" se existisse o Last nos anos 80! Se ele vendeu quase 1 bilhão de discos,[1] do que seria capaz no domínio virtual das coisas grátis?

[1] *(P.S. 2021)* Estatística bem exagerada essa! Na verdade Michael Jackson, somando todos os seus álbuns, vendeu aproximadamente 0,2 bilhões de unidades de LP (*long play*), o que aliás não deve ser subestimado. Mas o quíntuplo disso seria absurdo... Beatles e Elvis Presley atingiram marcas melhores e ainda estão longe do décimo dígito. No entanto, um ÚNICO disco, *Thriller*, foi responsável por pelo menos um terço dessas vendas do Rei do Pop – nisso, ele segue insuperável.

Êxtase e Auto-glorificação

Bastaria um pouco de senso crítico para notar o quanto o "soma" (narcótico pacificador, "anestésico mental", do *Admirável Mundo Novo* de Aldous Huxley) radiofônico (falo do rádio na era da Internet) é o grande responsável por um certo cheiro de tecido podre no ar. O que estou dizendo é que a decadência da Música nasce da surdez dos ouvintes! Esse movimento de inércia – navegar nas estações e se deparar com os mesmos padrões (ou o mesmo padrão, sem espaço para nada diferente), abrir o perfil do colega e ver as desgraças culturais habituais –, essa falta de ponderação com respeito ao que se vai meter goela abaixo, fazem com que a esquizofrenia eletrônica martirizante de um Rádio-Cabeça qualquer esteja no topo de alguma lista que não "as principais causas da sua cefaléia crônica"! Me faz lembrar inclusive de uma passagem d'*A Ideologia Alemã* de Marx, que ataca seus conterrâneos afirmando que eles nada mais produziam que uma ansiedade verborrágica cortante pelo Apocalipse, cristãos que eram, prontos a marcar o compasso desse clímax chamado Juízo Final com as guilhotinas da Revolução Francesa. É bem essa a idéia da *automação radioheadiana* – um intuito fracassado apesar de qualquer número que deponha em contrário, deveriam admitir os membros da banda. Um som desprovido de humanidade.

Quando ocorre uma pequena fissura neste mecanismo "pastoral", a nostalgia entra em campo: mas se foram feitas músicas sublimes e excepcionais nos anos 70 e 80, o que as impede de voltarem? "A tecnologia"; "a falta de inspiração"; "sorte"... Tudo balela. A despeito do caráter prometéico e irrepetível do Rei do Pop, o destino da música deveria depender estritamente de talento, discernimento (para não jogar todo o dom na privada – reparar que a noção que se tem de um artista é a de um gênio louco, alguém que vive perdendo as estribeiras e age sem coerência, engodo que precisa ser descartado) e CORAGEM, o que vem minguando de uns aninhos para cá. Como o homem tem sempre a possibilidade da escolha, mas se tornou medroso demais para admitir, contenta-se com o "menos pior", o pastiche cultural contemporâneo. "**Inventar dói, vamos apenas testemunhar as infin-**

dáveis oscilações do pêndulo do relógio desse moto perpétuo chamado mundo."

A década de 90 é intermediária entre essa fraqueza que reina hoje e a pujança que já se viu no Pop, no R&B, na Música Popular Brasileira, no Heavy Metal e nas demais searas da indústria fonográfica. Não faz 3 dias vi um episódio dos *Simpsons* que é uma aula de História da cultura: Homer e Marge contam aos seus filhos, à lareira, as circunstâncias em que Bart veio ao mundo, os atribulados anos 90 (curiosamente, o desenho data deste período, mas a cada ano os personagens são apresentados com a mesma idade, repaginados para o contexto, como é o caso agora, dos anos 2000). Nessa "realidade alternativa", enquanto Marge começava a faculdade, Homer dava um duro danado na loja de *paintball* do pai e ainda arranjava tempo para ser o líder carismático de uma banda, o *Sadgasm* (Tristorgasmo, na melhor tradução), paródia do niilista Nirvana. Uma época em que ainda havia um gênio criador, mas que, por não encontrar destinatários à altura para seu *grunge*, acaba se autodestruindo. É um marco divisório: a negação da arte. O preferir-morrer anunciado pelo próprio Dioniso. A estética ocidental na sua agonia entrópica.

Está certo que não é "culpa" da Música: esta bomba de efeito retardado (sim, primeiro o relâmpago, depois o trovão!) só aterrissou na década de 90. O próprio Espírito da Música está fatigado, quer colapsar. Antes a moral burguesa já havia detonado muitas outras belezas. Arruinaram a Política, transformaram a vida num cardápio e tornaram onipresente a promessa de um Além. É sintomático que o próprio Kurt Cobain tenha batizado seu projeto de Nirvana: porque aqui é o insuportável reino da imperfeição. Mas querer a paz é justamente o motivo da decomposição do tecido. O que restaria para ser contado? **Sempre que ouço uma boa canção penso em Homero: façanhas e proezas quase impossíveis, o desafio complicado e aterrorizante, a condição humana. Somos músculos e sangue, e, portanto, devemos <u>usá-los</u> e <u>arriscá-los</u>.**

O que minha bola-de-cristal diz? Que viveremos as décadas de 10 e 20 na mêsma missa cibernética, cheia de espasmos e espirros. Como ouvintes estamos doentes e não suportamos um olhar no espelho, ou auscultar uma concha metafísica. Mas episodicamente um Dante ou Colosso nos visitará, como aconteceu em 2008 com o *Death Magnetic*, o literal re-despertar de um gigante.

* * *

Antipatia por pessoas é algo que faz bem! Não transfira ao mundo inteiro – não amaldiçoe tudo, procurando causas primordiais imaginárias – o ódio por conta de uma babaquice que só pode ser explicada pela própria vontade do autor de cometer a babaquice!

* * *

Alguém sempre transborda. Outros, sorvem.

19 de junho de 2009

#**Antropologia & Religião** #**mitologia** #**Prosa Não-ficcional**

ORIGEM ETIMOLÓGICA DOS MEUS SIGNIFICADOS NO DEVIR

Uma coisa que sempre me intrigou: quando era pequeno achava que era judeu. Não há nenhum traço judio em minha família. Nada **concreto** a respeito...

Mais uma: aos 5 ou 6 anos, quando da primeira vez que a Globo exibiu a novela *A Viagem* (um grande sucesso, reprisado duas vezes no *Vale a Pena Ver de Novo*, num espaço de menos de meia década), eu sentia um prazer imensurável em acompanhar o protagonista, Alexandre, rastejando no Inferno, ao passo que aquelas "rodinhas espíritas" de pessoas vestidas de branco no Paraíso eram não só o ápice do clichê mas uma situação deveras desagradável, incômoda, suscitadora – inicialmente – da dúvida – depois provocação segura – de se não seria entediante deixar de pecar, sendo preferível me tornar um pecador irresoluto para escapar das rodinhas pacíficas do Éden. Fogo, trevas, inimigos, aventura... Eis aquilo pelo que minha ainda infantil mente já clamava. Uma curiosidade é que Alexandre significa "altruísta, justiceiro".

Eu tenho um primo bem mais velho chamado Alexandre. Sempre disseram que eu fui muito parecido com ele, que quando mais novo poder-se-ia julgar que era seu clone. Com efeito, "puxei" muito essa minha tia, Socorro, a mãe de Alexandre. Meu pai tem irmãs loiras e míopes. Eu nasci loiro e tenho quase 10 graus de miopia no olho esquerdo. Não é de se estranhar que, na idade de "Pequeno Príncipe", eu fosse comparado ou confundido com o <u>justiceiro</u>.

Quase me batizam como Hugo, de origem alemã, conotando "espírito, razão". Espírito que é uma coisa de que o homem moderno, o alemão anti-semita, principalmente, que é o *non plus ultra* dos cristãos xenófobos, prescinde. Curiosamente, dir-se-ia que um hebreu é alguém de espírito. O judeu tem espírito, é bem-humorado, sagaz e tem dinheiro. Por isso é tão odiado. Independentemente de não me chamar Hugo, eu tenho espírito. O que é estranho é eu ter pensado durante algum tempo que eu fosse judeu sem pistas claras. Ainda mais estranho seria um judeu sem dinheiro!

Meu irmão Diogo, "<u>**conselheiro**</u>", **aconselhou** meus pais a me concederem o nome de Rafael. De raiz grega, "curado por deus, aquele que é paciente, perseverante". Além do mais, faço alusão específica ao termo TEIMOSO. Não foram poucas as conversas e as madrugadas reflexivas em que pensei nesta palavra como a minha sina: <u>teimosia</u> é o melhor de tudo para me descrever. Minha vida é a apresentação sob bilhões de formas do que significa um espírito teimoso diante de incessantes obstáculos. Também é dito nos *dicionários de nome* que Rafael é aquele que se esforça por ser observado, chamar a atenção, sobressair em relação aos demais. Não sei se estou falando da acepção genérica do nome Rafael ou então de mim mesmo, agora! (P.S. 2021: Quase um *Naruto!*) Em 2002, quando dei minha largada mitológico-filosófica, exteriorizando minhas convicções no papel, produzi um compilado de teorias fundadoras da minha concepção de mundo e do Eu, *As Teorias Supremas*. (P.S. 2021: finalmente publicado no formato livro em 2018) Nelas a característica da teimosia e a necessidade de retomar uma espécie de realeza que eu possuía na infância e que alguém ou várias coisas me furtaram são a tônica. Entendo que meu egoísmo é o puro altruísmo e ninguém percebe: ao ter alma de artista, eu estou presenteando a todos com meu supertalento, e cada vez mais atingindo minha própria essência. Nem que a custo de ser um pecador.

Minha mãe se chama Nadir, que significa "o contrário de zênite". Zênite é o ponto mais alto do céu visível. Nadir, por extensão, implica decadência. **Eu sou filho da civilização em estado putrefato, decadente.** Meu pai se chama José de Jesus. Ao mesmo tempo, José é o pai de Jesus. Eu posso ser considerado um mártir. Mas filho de Nazareno já vem a calhar. **Eis o ícone supremo do cristianismo e da moral que nos infecta, que torna o homem do século XX o extremo da miudeza.**

Meu nome completo é Rafael de Araújo Aguiar. Aguiar deriva provavelmente de águia, que é a ave mais aparentada à figura lendária da fênix, *Ouroboros*, que remonta à sociedade egípcia e que foi transmutada para diversas civilizações até chegar ao Ocidente. A fênix implica a confirmação do princípio de eterno retorno de todas e de cada uma das disposições do sempre-transitório universo. Trata-se do único imortal factível, que renasce das próprias cinzas: tem uma vida finita, embora inesgotável. Rafael de Araújo Aguiar é uma denominação especial, porque eu consigo vê-la em círculo, se fechando em si mesma: Rafael de Araújo AguiaRafael de Araújo Aguiarafael de Araújo AguiaRa... **Ra é o deus-Sol, o mais poderoso elemento dos cultos no Antigo Egito.**

3 de junho de 2009

#**Sociedade** #decadência #hedonismo

NIILISMO CANDANGO

Alexandre, que cursa o terceiro semestre de Ciências Sociais na Universidade de Brasília enquanto escrevo esta mensagem, e que faz Teoria Política Moderna às segundas e quartas comigo, é minha escolha para *ícone do niilismo*. A modalidade européia da descrença absoluta no homem parece já ter chegado aqui. Este jovem hedonista e seus comparsas representam o sumo da imundície e da vergonha. A elite brasiliense abraçou o nada com ímpeto. Seus corações econômicos desde já batem e se debatem por essa nova "verdade". Não há nada pessoal na citação. Nenhum ato de Alexandre me pareceu particularmente abjeto. Mas um pintor que olha um quadro entende tudo. Apura a catástrofe que emana daquele retrato sem culpa. Sem culpa e sem dignidade, uma figura prosaica do cerrado, passível de ser encontrada em qualquer entrequadra (o Plano Piloto não tem esquinas) num dia de semana, bebericando um chopp. Alguém até bacana, sorridente... Mas isso borra ainda mais sua imagem.

24 de maio de 2009

#Prosa Não-Ficcional #Sociedade #hedonismo #sexo

DA LEI DE LUCIANA OU DA DITADURA DAS FESTAS

Não sou livre para recusar convites. Convites que vêm na hora errada, das pessoas erradas, nos lugares errados. Não sou livre para escolher meu destino, e as condições e variáveis em que desfrutar esse destino. Não sou cercado de bons vizinhos – na cidade inteira. Tudo isso é irreconciliável, porque não quero ser esquecido. Mas agora não quero conversar sobre Campeonato Brasileiro aos sábados. Ou por mais de cinco minutos. Inimigos, inimigos, inimigos... Solitário, gelado... Não há temperatura para um BOOM. Talvez um CRACK. Fusão a frio?

Sou constrangido a ir e me perder, no marasmo geral. Futilidades indecifráveis. Nenhum rosto bonitinho que se tornará importante para mim. Apenas fonte de punheta. Em todos os cantos. Por todos os cantos. Mais uma gozada, mais um chopp. Para celebrar a impotência. Já acordo desesperado. Paredes muito finas, músculos muito sensíveis: expressões que denunciam meu mau humor pagão.

Uma recusa gigante. Nunca mais lugar nenhum. Minha verdadeira missão, que me chupará os ossos, me chama: ler e escrever, num meio impróprio à bajulação. Como a ausência de um, dois ou três me maravilha!

Por sextas e sábados vazios e dependentes da tecnologia. Não é possível mais. Celular silencioso. Aparência de atarefado. Limites fritantes da sanidade. Desrespeitar, ocasionalmente, a fronteira. Às suas entradas: não, não e não!

3 de maio de 2009

#Futebol #estaduais

A FALTA DE SENTIDO DOS CAMPEONATOS ESTADUAIS

A cerca de 110 minutos do final dos jogos de volta para determinação dos últimos campeões regionais do futebol brasileiro, vejo-me num impasse. Bater palmas para os campeões (sim, antevejo vários deles)? Bocejar diante da televisão? Escrever um artigo para o blog? Quem sabe espernear com a anuência da CBF e a preguiça pensante das federações aqui e ali...

Não há nada de novo no departamento. As competições estaduais perderam a graça. Antes de dizer por quê, vou contar rapidamente a *minha* história com os estaduais, principalmente com o Campeonato Paulista, do qual participa meu clube do coração.

Comecei a acompanhar futebol a sério em 1998, aos 10 anos, apesar de guardar recordações da Copa de 94, da final brasileira de 1995 (no bar do meu pai, botafoguense) e de vários outros momentos marcantes (a final da Libertadores em que o São Paulo foi vice-campeão em pleno Morumbi, o bronze olímpico com Bebeto). O marco zero dessa minha incursão no mundo da bola como torcedor fanático foi a compra de um CD em loja de shopping enquanto passeava com minha mãe, uma prima e uma tia: A HISTÓRIA DO CAMPEONATO PAULISTA, para instalar no Windows 95, com fatos históricos de ano a ano, várias fotos, tabela interativa e até os escudos dos times que iriam disputar a série B-II (quinta divisão do estado)! Algo riquíssimo oferecido pela Federação Paulista e seus funcionários. Apaixonei-me pelo material, passei a madrugada lendo em voz alta o histórico do torneio, edição por edição. E não é pouca coisa: o certame mais antigo do nosso país, iniciado em 1902. A arqueologia do país do futebol! Juro que hoje procurei o CD e não achei, gostaria de reviver estes momentos. Tudo o que sobrou foi o ícone de atalho na área de trabalho do meu PC mais velhinho, um Pentium 166 mHz, atualmente jogado num canto acumulando poeira. Naquela época o micro ficava no quarto dos meus pais; seu José já brigava com o filho que o não deixava dormir, e eu nem tinha acabado de ler sobre a década de 70! Mas que havia de mal em pesquisar um pouco do passado do esporte que pára a nação todos os domingos, em entender um pouco dessa predileção pelo São Paulo Futebol Clube (curiosamente, aquele foi o primeiro título que eu vi meu time conquistar!)? Outro conteúdo do fantástico compact disc – *havia até um teste para futuros árbitros e bandeirinhas, cerca de 30 perguntas sobre controvérsias de regras. Para nenhum Arnaldo botar defeito...*

Desde então o refrigerante e a pipoca estão sempre a postos, a TV a cabo é a companheira inseparável de todos os fins-de-semana – mais até que, em certa época, a namorada, que, por golpe do destino, era uma traíra corintiana!

Interrompo este relato carinhoso para anunciar: o Flamengo faz seu primeiro gol contra o Botafogo. Veja bem: eu disse *primeiro*. Sei que virão outros...

Por que uma história tão linda iniciada há mais de uma década possui um desenlace tão trágico (redigir um artigo intitulado A FALTA DE SENTIDO DOS CAMPEONATOS ESTADUAIS)? Temo que essa época romântica, essa idade de ouro da infância, já passou.

Não porei a culpa no campeonato nacional, que suga todos os holofotes. Pelo contrário: ele amadureceu. Não é em si uma questão de predominância dos grandes clubes ou de fatores econômicos (países de terceiro mundo não conseguem segurar seus craques, o interior é ainda mais falido, etc.). Apenas constatei que *paramos no tempo*.

Longe de mim querer abreviar de repente uma tradição que remonta ao comecinho do século XX, com o tricampeonato do *São Paulo Athletic Club* (o avô do SPFC, é o que dizem). Mas a palavra *abreviar* vem bem a calhar para outra coisa: reformulação do formato. O que é isso, pessoal? Joguinhos que não valem nada de meados de janeiro até o mês de maio?! O campeonato estadual, para sobreviver, deve ser mais curto. Aos que aleguem que extra-oficialmente ele já não passa de pré-temporada, vá dizer isso para um flamenguista, um corintiano ou um cruzeirense amanhã... Se fosse apenas pré-temporada, torneioexibição ou conjunto de amistosos não haveria toda essa pompa, festa e zombaria dos adversários. Nem tanto *ibope global* (eis um dos problemas fundamentais, obstáculo número 1 para a reforma tão necessária desses campeonatinhos). Ou se encerram as atividades das federações que patrocinam torneios inócuos, abarrotados de times de empresários, de incompetência e de *repetições*, ou intenta-se um último resgate do *charme* dos tempos preto-e-branco fazendo o campeonato acabar em março! Mas as regras e fórmulas das novas ligas eu deixo para vocês.

Vou insistir no ponto mais grave, no que me faz querer explodir esses campeonatos tão longevos e previsíveis: estamos em 2009? Tem certeza? Parece-me 2008, ainda; ou um 2007 levemente adulterado. Venho percebendo que de alguns tempos para cá só em nível nacional surpresas podem acontecer (e olha que estamos diante de um São Paulo que é tricampeão, fato inédito!). Afinal, a cada ano pode surgir um novo Fenômeno, e não sabemos se ele despontará num time de Roraima ou no Goiás. Pode haver o ressurgimento de um daqueles centro-avantes apagadões, estilo Leandro Amaral. A volta de um craque europeu (no auge ou em decadência, mas neste último caso ainda serve!). Uma equipe de juniores que sobe para os profissionais e conquista o sucesso (Santos 2002). As variáveis são bem mais ricas, tudo é mais contingente e implausível.

Já nos estaduais, todos sabemos que os clubes ainda estão em período de banho-maria, no soro. O Fluminense, deixa eu adivinhar, trouxe as três maiores contratações da temporada, mas sequer irá decidir o carioca. Bangu e América não vão chegar; pelo contrário: perigam até de cair.

No sul, polarização entre Inter e Grêmio, com o Juve tentando estragar a festa caso um dos dois grandes esteja envolvido demais na Libertadores. Em Sampa... ah, em Sampa! O torneio que me traz lembranças de infância... Deve ser diferente, afinal tem mais times, tem uma economia mais pujante... Pura ilusão!

Faça um exercício: procure no Google, nos arquivos do Terra, da Gazeta, do

Lance – como terminaram os estaduais do ano passado?

Primeiro jogo da final do mineiro de 2008: Cruzeiro 5 x 0 Atlético-MG. Primeiro jogo da final do estadual do Rio de 2008: Flamengo 2 x 1 Botafogo. Último jogo do gaúcho 2008: Internacional 8 a 0 no Juventude. No DF (rá, claro, eu sou brasiliense, senão não lembraria), mais conhecido como Candangão 2007: Brasiliense pentacampeão. Várzea total. Monopólio inescrupuloso. E onde não há monopólio, há duopólio ou oligopólio, o que não é sinônimo de animação.

Flamenguistas, cruzeirenses e colorados fizeram a festa. O que mudou esse ano? O Internacional aplicou 8 a 0, mas não foi no Juventude! O Flamengo não venceu o Botafogo na 1ª partida, mas já está consertando o desvio... *O Atlético levou de 5 do mesmo Cruzeiro.* Sim, esse resultado é sintomático, quero usá-lo como **exemplo máximo** do quanto acompanhar estaduais ficou caduco, fora de moda. O que vale é o chopp com os amigos. É tentar prever se o Kléber será expulso. Tudo o mais perde o valor.

Aos que apontarem que eu negligenciei a análise excluindo o campeonato mais antigo e imprescindível dentre todos, reafirmo: não faz diferença se Palmeiras ou Corinthians são os campeões (desculpe, torcedores). Não faz diferença se temos Ronaldo. Não é mais emocionante acompanhar Ronaldo contra Ituano do que Ronaldo contra Itumbiara. E pra isso existe a Copa do Brasil... Mas vejam a 1ª rodada do Brasileirão '09: Corinthians e Inter! Ronaldo x Nilmar... Agora sim o ano vai começar (coisa de brasileiro – e olha que dizem que nada anda antes do carnaval, mas a Páscoa já passou e até agora nada)...

Segundo gol do Flamengo. Estou reportando ao vivo.

O São Paulo foi eliminado pelo terceiro ano consecutivo em semifinais. O Santos está na segunda final em três anos. Não se deixem enganar pelo contraste entre os vencedores: esse quadrangular final, se reserva algum tipo de surpresa, é apenas 20% da competição. Nos outros 80%, rodadas inúteis protelando o que todos já sabem: um grande clube levantará a taça. Para que um inchaço no número de participantes, para que a execução do hino nacional antes de cada partida? Para que *pay-per view* ("pagar para ver")?

Aquele torcedor do Galo que despertasse de um coma de um ano julgaria que voltou no tempo. O mais desconfiado deve achar que colocaram um VT da final do ano passado por falta de recursos. O campeonato mineiro é o destino do paulista. E o carioca já é um mineiro adaptado ao Corcovado. Da próxima vez, você apostador já sabe: nada de bola de cristal ou mãe diná! Entre no meu blog, leia este artigo e aposte com seu amigo em 2010 sem medo de errar. Flamengo rumo ao tetra, Grenal decisivo, Cruzeiro ampliando a hegemonia...

Eu quero novidade, eu quero esquecer esse primeiro semestre...

21 de abril de 2009

#**Filosofia** #AforismosSábios #metafísica #Nietzsche #**Metalinguagem** #**Prosa Não-Ficcional** #megalomania

ÊXTASE E AUTO-GLORIFICAÇÃO

(...)

Voltando à metáfora das ondas do mar revolto, pode-se dizer que a ola arrebenta quando aquele mundo d'água atinge um *ponto crítico*: não pode segurar mais o seu ímpeto, e se lança contra a praia, os arrecifes, as rochas. Eu sofro desse processo com uma freqüência incomum, *eu rompo com as pessoas*. E em muitos casos me esqueço, pouco tempo depois, do real motivo da briga. Não era a briga, o em-si, a baixeza da pessoa, a motivação para as altercações ou quiçá a agressão física, o ridículo de um barraco em público. Poderia, sem medo de ser tachado de covarde, me referir a esses instantes como <u>pretextos</u>. A essência do indivíduo me incomoda tanto que eu espero a oportunidade, a

Êxtase e Auto-glorificação

brecha... e ela sempre surge, a imundície sempre vem à tona. Não executei nada de caso pensado, mas a *forma* como isso vem acontecendo permite que eu elogie meu temperamento explosivo com os adjetivos "frio" e "calculista": se eu meditasse mil anos a fio, teria feito exatamente a mesma coisa. Na noite passada, essa *ruptura* com as pessoas com quem me encontrava me possibilitou dum golpe só me livrar de inúmeros inconvenientes, como oferecer a casa para hóspedes que, nesse ponto, considero não mais que semidesconhecidos. Isso também me deixou livre para caminhar e monologar (o que é muito melhor que entabular conversa mole com fracos das pernas!) (...) É como se num golpe de astúcia tirado do fundo da cartola (coroa?) o príncipe se visse liberto de tudo o que o ameaça, por ora...

(...)

Que aqueles circunscritos a quem você quer punir de verdade paguem, sim senhor, o preço por estarem na hora e no lugar errados!

(...)

O engraçado é que eu *vivo* minha teoria. Os imbecis das ciências sociais não sabem o que fazem, vivem à deriva. Viver o que eu estudo é o único estímulo restante, o que faz da vida de universitário algo suportável, de modo que não largue tudo e vá ser, sei lá, um *serial killer*!

(...)

nunca ajo de modo escapista, como uma Alice e seu ácido.

(...)

a estranha tendência de haver "profetas" na História. Menos pelo talento ou dom do próprio enunciador de um futuro e mais pela capacidade de uma personagem desse mesmo futuro moldar a sua maneira a vida, de forma que se torne *exatamente* aquilo que leu, e encarne a descrição do que "necessariamente há de acontecer".

(...)

CILA OU CARIBDE

A cena do santo epiléptico que perdia a razão devido aos pecados incessantes dos homens e a incapacidade de apreender seus corações era permeada de detalhes que se repetiram sem falhas na tragédia-realidade nietzschiana. (Dosto-Nie.)

(...)

A cena da ruptura da noite de ontem (...) me evoca a última gesta de Zaratustra no livro-poesia de Nietzsche. (...) Zaratustra, essa mistura de eremita com tirano redentor, <u>sou eu</u>. Depois de suportar a companhia de inferiores como se fosse um camelo resignado no deserto, isto é, depois de abrigar todos os governantes que foram de estatuto nobre no passado e que estão no seu ocaso, ofertando-lhes vinho, deleite e conversas agradáveis na sua ampla caverna, Zaratustra pede licença, sai de seus aposentos e se depara com o leão. Zaratustra fala com os animais. Não *ordena* explicitamente que destroce seus hóspedes, porém exorta a fera a entrar, pois é bem-vinda em seu lar. Acaricia sua juba imponente. Sua atitude astuciosa só lhe vem à mente depois que o rei das selvas já sumiu de sua vista, para dentro da gruta apinhada de gente: havia sido ato arbitrário, "crime inconsciente", um arrebato divino, um relâmpago que atravessou seus nervos e nada mais! Se pensasse mil dias a fio, teria feito o mesmo. Não há pusilanimidade nas ações de Zaratustra, meus caros: apenas não há virtude! Mas há honra. (...) Aquele que quer algo mais impõe a jogada mirabolante que ninguém no tabuleiro pode retribuir, ainda que eventualmente a possa prever. A jogada fatal, que subjuga sem resistência. Maucaratismo, não! Golpe de mestre, sim! Até o vinho da caverna do poema lá estava, na noite candanga (transfigurado em conhaques e vodcas)! Eu reprisei a epopéia. Porque ao longo dos últimos anos forcei minha rotina a acompanhar o movimento simbólico daquele sábio. (...) Depois de relegar os convidados às dentadas, Zaratustra parte enfim para novas peregrinações, e dele não tivemos mais notícias. O que reserva o destino à ponte para o além-homem?

(...)

E claro! Grandes livros virão, quanto a isso não há sombra de dúvida. [!] Se puderem ser paridos sem tanta enxaqueca eu agradeceria... [!!] E eu gostaria de viajar pela Itália, respirar o ar veneziano, sentir a atmosfera florentina, rever, caso ainda exista (rever porque já a vi, num momento que não posso mais resgatar!), a pedra pontiaguda à beira do lago em Sils-Maria. Se sonho muito alto, quem sabe me contente com nossa Itália sul-americana, a Argentina! [!!!] Não seria nada mal, na mesma toada, acompanhar algumas óperas: [!!!!] ambiente decadente, mas desfrutável.

(P.S. 2021) Em 2014 publiquei o primeiro de muitos livros; sofro de vários problemas físicos, dentre os quais posso incluir minhas dores de cabeça, algumas que não passam com apenas uma *dipirona*; em 2015, conheci Buenos Aires e, sim, fui à ópera – aqui estão explicadas as 4 séries de exclamações em crescendo... Exclamações v(i/e)toriais?

(...)

a espiral segue, incrivelmente!

* * *

#Poesia

A MAIOR TOLICE: ESCREVER PARA PRESERVAR

(...)

Eu sei porque leio tão devagar – mas demorei a descobrir.

(...)

O JORRO D'ÁGUA

Do bebedouro ou do tonel
Por que essa explosão?
No meio da noite
A mulher distante se avizinha
O dinheiro se reaninha
O ouvido amigo se dilata
Para ouvir a queixa
de um lamuriado
Quer que batam,
mas se sente injustiçado
Lei da compensação?
Porque a aflição e o afeto

são como o vírus que
cristaliza
no ar
e de repente
com um sopro
vibra

* * *

Paguei uma puta
Só pra conversar
- De onde vem?
- Do útero da mãe
A puta é,
em última instância,
uma filha de outra puta

26 de março de 2009

#**Filosofia** #decadência #marxismo #metafísica #Nietzsche #**Política** #revolução

HEGEL, MARX E NIETZSCHE: ARISTÓTELES, PLATÃO E SÓCRATES DE CABEÇA PARA BAIXO

Na *Introdução à Crítica da Filosofia do Direito de Hegel*, o Marx jovem lança os postulados da sua futura filosofia iconoclasta transmoderna. A partir da página 108 (*edição de* A Questão Judaica *que contém o excerto no apêndice*) a covardia alemã e o estado de subserviência da cultura teutônica tornam-se palpáveis.

Quais são os principais sinais de que uma cultura começa a evaporar (entra em decadência)? Um inequívoco é a transformação do que foi trágico em Comédia. O Estado alemão do século XIX, comandado por *Kaisers que tentam ser ingleses*, é a sátira do Antigo Regime.

Êxtase e Auto-glorificação

Segundo Karl Marx, tendemos a nos despedir de um processo histórico de modo alegre, rememorando suas facetas risíveis. O mesmo se sucede hoje, na Pós-Modernidade: todas as Artes e todas as Ciências são auto-comediantes. Chegou-se ao ponto de as comédias de comédias proliferarem: *Guerra nas Estrelas*, uma paráfrase cósmica dos combates épico-medievais (George Lucas bebe da fonte de Tolkien), é a série campeã de referências divertidas nos filmes e seriados americanos. No âmbito político, ver Chávez, o Carlitos do Socialismo, o último adeus da alternativa falha ao Capitalismo clássico.

Voltando à Alemanha, inscrevia-se o país em uma situação tão peculiar que se poderia defini-la no entreposto entre o esgotamento do mundo idealista e o não-saber-o-quê-fazer. Isso implicava refutar qualquer filosofia e, *tacitamente*, aceitar o destino fatal, o cumprimento da mesma filosofia (de qualquer modo, a maneira mais ágil de transvalorar, se não fosse a única)! Se tudo por enquanto (anos 1840) fôra teoria (imaginação), amanhã o que faríamos não seria prática, mas tão-somente reflexo do que viemos a ser... Até que o movimento iniciado gere um **colapso extraordinário** e outro projeto renasça das cinzas – Holocausto? Por colapso sem proporções, certamente quer-se dizer o fracasso e a humilhação alemães, o débito pelo progressivismo tedesco no século em que a Inglaterra não queria guerrear.

A Alemanha havia cumprido sua função intelectual antes do resto do mundo – Hegel é quem disso se apercebe, sendo simultaneamente aquele que arremata esta compreensão, assim como um protagonista de García Márquez fadado a desaparecer lendo um texto sobre si –, mas parou em 1900. **Os dois filósofos de mais renome que sucederam Hegel são os pássaros do devir do mundo moderno.**

Hegel percebeu que quando o homem se dava conta de que estava preso numa cadeia de fatos já projetados, aí nascia a História. Marx apenas reforçou esse juízo com sua pseudo-inversão. Talvez Nietzsche não tenha reforçado muito mais, porém foi categórico. O que é do futuro do projeto realmente autônomo é de lá e é apenas uma meta do observador daqui, QUE AINDA NÃO SUPEROU A SI MESMO. Marx se engana no derradeiro pingo de seu trabalho, quando, consciente de que o homem que ainda não se superou jamais teria respostas definitivas para problemas como esse (simplesmente o da auto-superação da humanidade!), ainda assim afirma que a *chave da transvaloração* é o proletário. Nietzsche não cita diretamente nenhuma fórmula capaz de subverter o Cristianismo, o espírito iluminista e os Estados-nações. *Não há fórmulas*. A fórmula é decidida pela própria existência a cada segundo transcorrido – a única menção mais clara de Friedrich Nietzsche ao atingimento do *Übermensch* consta do princípio de *Vontade de Potência* e é um duplo alerta: caso as categorias do niilismo se mostrem invencíveis, justo no momento em que o homem teria mais força e capacidade para ultrapassá-las, tendo chegado tão longe, isto significaria que ou os modos de produção não estão maduros o suficiente ou *ainda não se encontrou o modo adequado*. Talvez essa seja a linha mais enigmática do legado deste último filósofo, o Sócrates depois de Cristo. Provavelmente as duas coisas vêm juntas, e ainda que não se possa pressenti-las no horizonte, o pensador do martelo, morto em 1900, nos envia preces otimistas (especialmente a nós): não importa o dia em que cheguem, os novos valores um dia vão chegar...

NOTA CONCLUDENTE: Por incapacidade total de que me entendam adotarei silêncio rotundo e constante sobre as coisas da vida em conversas. Lembre-se sempre: é melhor para a alma forte ser centrípeta que centrífuga, e aliás é o único *pathos* que ela conhece para si. Respirar o ar do crepúsculo e sê-lo, ser mais imperioso que qualquer jovem, que quaisquer pés sobre o asfalto. Auto-satisfação comigo mesmo e com minha majestade. A onda do mar navega milhas e milhas antes de arrebentar. Escolherei o pedregal.

22 de março de 2009

#**Filosofia** #HistóriadaFilosofia #metafísica #niilismo #PensamentoÚnico #**Prosa Não-ficcional** #superstições

RETROCEDER-8
CONSIDERAÇÕES AMBÍGUAS A RESPEITO DAS PERSONALIDADES NA HISTÓRIA

PERGUNTA: Como a história se divide em dois, ou melhor, como precisamente ela se desenrola, tomando por base os principais autores e idéias dos espectros trágico e cristão que conhecemos? O tempo retilíneo cristão dá sinais, pelo meu intermédio, de que não tem a mínima capacidade de contra-atacar. Uma segunda pergunta é: eu tenho uma repetição na História circular, assim como um antípoda perfeito? Na verdade dir-se-ia que tenho infinitos, mas só preciso de um (dois) exemplo(s), o igual e o imensamente diferente – as sociedades, por mais contingentes, também parecem obedecer tão-somente a uma dupla de deuses, que se revezam no trono (Dioniso e Apolo).

Se temos Nietzsche e Sócrates, as duas pedras-de-toque do movimento da roda, resta uma indagação: se o alemão está "na base" do círculo, Sócrates está a 360° dali – ou seja, ALI, num novo círculo –, a 180° dali (no ponto mais distante do primeiro no perímetro da roda)...? E uma segunda indagação: **se Nietzsche e Sócrates se encontram em opostos, o caminho de um a outro é uma "marcha à ré"** ou uma seta de mão única? Se o primeiro for verdadeiro, é um semi-círculo e não uma circunferência. Além disso, os primeiros pensadores que vêm depois de Sócrates são "iguais" aos primeiros depois de Nietzsche (embora de sinal trocado) ou iguais essencialmente aos últimos antes de Nietzsche (decorrência da dúvida do fluxo)?

Obviamente, não existe alguém idêntico a mim depois de Cristo, tão-somente um perfeito anti-eu. Meu próximo eu, assim como meu eu anterior, são impossíveis de encontrar em registros históricos e estão, respectivamente, no fim da próxima era cristã e no começo da era grega (aqui eu ainda não havia desenvolvido o pensamento circular completo!). A questão não aborda, portanto, dois Nietzsches (espaço de 5 mil anos, do que nada sabemos), mas um Nietzsche e um Sócrates e como essa dicotomia se constituiu. Se os pós-modernos são sofistas, parece que a roda está girando em sentido contrário (exatamente!). Então, **retrocedendo** (talvez o leitor mais atento já tenha entendido por que escolhi o termo acima para batizar esta série de resgates de artigos), encontraremos o legado de Sócrates: **Marx é Platão, Hegel é Aristóteles. São Tomás é Agostinho.**

Operação inversa: se os estóicos e os eudemonistas são os existencialistas, Zenão e Epicuro seriam Camus e Sartre. Homero seria Shakespeare. Cristo estaria vindo... Ou quem sabe já veio... Quem seria meu antagonista ideal (eu já me fiz essa pergunta infindáveis vezes)? Alguém lutando por ordem antes do surgimento de Sócrates faz mais sentido que depois... Do lugar onde estou não posso analisar, dados os pontos cegos? (Ou talvez eu não queira analisá-los; ou não se pode tirar conclusões; ou as conclusões que se podem tirar são que "as peças não se mexem após esse acréscimo de sabedoria".)

Inconcluso. (Intensa pesquisa histórica dos séculos VI a.C. a III a.C.? Se eu tiver descoberto uma lei do cosmo eu terei sido implacável na minha busca pela Verdade. O que um *gauche* aspirante a professor preocupado com seu futuro de longo prazo teria feito para se resolver?)

Prever quando um gênio irá nascer e o que ele terá para dizer

Comte ficou datado muito depressa – isso corrobora a contramão

(Três dias depois desse manuscrito, durante uma aula na universidade, eu teria a idéia de escrever "*Hegel, Marx e Nietzsche: Aristóteles, Platão e Sócrates de cabeça para baixo*", como se anteviu pelo fim do antepenúltimo parágrafo, o que responde algumas das dúvidas listadas acima (já **"proto-respondidas"**, em negrito). O "pulo do gato" foi ter lido a *Introdução* *à Crítica da Filosofia do Direito de Hegel*, de autoria do jovem Marx.)

13 de março de 2009

#**Prosa Não-Ficcional**
#**FimdeAmizades** #superstições

ADEUS VIDA BOA

Deve significar alguma coisa o fato de eu morar no quinto andar, ter 20 anos de idade e uma média normal de ascensos e descensos e nunca ter ficado preso no elevador. Qual seria a reação de um aparvalhado que se vê preso em uma caixa de metal? Chamar alguém, apertar botões, resignar-se? O celular deveria ser usado apenas de terça a quinta, se é que se me entende.[1] Não sendo emergência digna do Corpo de Bombeiros, o telefone serviria tão-somente para avisar os pais. Descendo ou subindo? Indo ou voltando? Sozinho e faminto? O fluxo burocrático e estomacal também fazem a diferença. Se acompanhado, do sexo oposto? Quão íntima? O mais curioso é que nesses casos – sempre, aliás – o vizinho é o menos próximo. Sou muito mais vizinho dos mendigos e dos "inganados" (perdão, ingazeiros) que do A******.

CILA OU CARIBDE

Perder-se-ia uma prova ou um dia de trabalho? Ou um gol do Ronaldo...

[1] *(Post-scriptum 11/03/2021)* Meus pais nunca estavam por perto entre sexta e segunda-feira.

Quando escrevo, explodo. É a única forma de "dopar" minha acelerada pulsação mental. Doutores indômitos receitariam drogas. Acho que não preciso de drogas receitadas...

Preciso ser contra atletinhas de futebol americano, namoradeiros e namoradeiras incipientes e, sem dúvida, universitários sem noção do ridículo e do vidro blindado. Por que não largo esta caneta soerguida por algo flácido e promovo gastos de energia melhores? Talvez eu devesse ouvir a fase pop do Metallica, ler meu trigésimo quinto livro – nessas férias – ou simplesmente filar alguns salgados... Durante todo o jantar de gala, quem riu de maneira mais franca de meu humor tolo foi a empregada. Aliás, é preciso que essa hesitação em hora de chamar o servo pelo nome seja pontuada. Ter vergonha de ter um subordinado – porque o real embaraço é não saber lavar os pratos.

Quanto ao *iPod*, ele é o novo cachorro: a equivalência em miniatura do dono, só que um pouco mais esperto.

Acabo de desentalar minha garganta – em tempos de inchaço. Maldita e derradeira estação.

Uma coisa que andei notando é que todos aqueles que precisam ser rivais eternos só não rescindiram o contrato – ou perfuraram o duelo – por ocasiões extraordinárias. Exceções das exceções, a exata probabilidade de complexos de molécula virarem célula, é do que chamo:

- Meu vizinho e amigo de infância e sua família tão elevada (*"eles rezam muito, eu já estou no céu"* – e eles têm três carros, eu sou Napoleão!) jamais terem encontrado referências negativas deles mesmos em mim – falo mal pelas costas e sobretudo pela frente, porém, quando mais seria necessário, para o blog leitor não há! Um mundo de malversações que se dissipa sem que o afeto pelo "filho" seja sequer ameaçado – talvez a mais grave ofensa por mim praticada, a seus olhos lívidos, seja meu cabelo grande. "Vais pegar uma pneumonia!"

- Meu pai segue inabalável como herói e anti-herói da trama;
- Aqueles que deviam ser esquecidos e deserdados voltam como bumerangue! E aqueles que, penso, estão no rol dos lembrados, estes são bumerangues falsificados. L. "do Bar" e tucano malvado prosseguem no jogo – peões. Mas não a prima do curitibano abobalhado. Prs. e Pas. diante das quais o melhor é não fazer nada.

2 de março de 2009

#**Antropologia & Religião** #alteridade #**Cinema** #**Poesia** #**Sociedade** #amor

UMA (DUAS) ODE(S) AO AMOR IMPOSSÍVEL

Quão brilhante é a neo-clássica adaptação de Romeu e Julieta de Shakespeare para o cinema! Talvez esteja fora de moda, não só o próprio amor, mas a forma textual em que ele é comunicado. Na era da falta de imaginação, imagens e sons devolvem ao jovem o doce – e ao cabo amargo – sabor da ilusão. Talvez o diretor Luhman tivesse em conta a situação do professor de literatura ao iniciar as gravações. Afinal, com a exceção do rosto de DiCaprio, cilada que captura as menininhas – sem volta: todas as aventuras são sem-volta –, esta é a única maneira de solidificar o que é líquido e esparso. O vívido contraste entre a erudição e o colorido de boate é o mesmo de entre as carroças e os possantes carros, das páginas (Sem vida? O leitor está inerte!) com as câmeras, da batina sóbria e da camisa florida do padre (dos padres). E o que se tira disso?

Há algo familiar demais entre os opostos que se atraem para ser ignorado!

A contradição que não se pode resolver, entre dois inimigos de sangue, é o mesmo dilema que sente a carne. Posto que é tão real, não pode ser loucura ou confusão. Ou será que serão? Tudo isso é, e muito mais; a nova força semovente abraça todas as alteridades num invólucro só. O que é de hoje e o que já se tornou estranho, fóssil de uma enterrada era... sempre estiveram no recôndito de cada alma. Nenhuma experiência é previsível, não há ato que possa ser repetido – logrado duas vezes.

* * *

DEIXAR LEVAR PELA HUMANA NATUREZA

Vamos testar o canto da sereia
Provar minha dureza
Se sou um hipnotizado
Ou se tenho sangue nas veias
E, se digno de Homero sou,
Para sair dessa
Sem mastro a que me atar
Só por cera assaz espessa

17 de fevereiro de 2009

#**Filosofia** #HistóriadaFilosofia #metafísica #niilismo #**Poesia**

2300 ANOS DEPOIS...

PLATÃO – Vê no que se tornou minha República. De fato, o projeto entrou em execução. A virtude dos filósofos foi empregada para governar o povo e tudo que se tem agora é a concupiscência desses senhores, a corrupção generalizada... Eu as produzi! Como lhes ensinei o desinteresse, e subestimei a vontade de poder humana, hoje eles ainda se afirmam desinteressados, porém eu vejo através da demagogia...

ARISTÓTELES – Que monstro produzistes! É chegada a hora, mestre e sobretudo leal amigo, de que luzes se tornem trevas e sombras matéria. Tua Alegoria da Caverna é o que restou de mais preciso sobre a milenar natureza humana, e é um retrato perfeito de como os valores se invertem de era em era, de modo que o Bem se torne o Mal e o Mal se torne o Bem; e, claro, produzam-se essas figuras indefiníveis, fronteiriças. Sócrates foi o demônio antes de ser santo, e hoje é apedrejado novamente. Todas as épocas, apesar de toda alma ser livre, apresentam esses mártires, cuja liberdade se resume em atender uma necessidade universal: transvalorar o animal político! Meu inestimável professor, é tempo, já vês, de fusão de classes. Na morte de Deus já não há mais heróis, déspotas, escravos, o divino, o depauperado, um estamento infinitamente distanciado do outro, esta vocação de berço... Vês que todos esses homens treinados para a guerra, para os cálculos ou então para o comércio ou para bem servir os demais são atualmente um só? O querer sempre mais, a seleção que impusestes aos atenienses, este instinto de competitividade estranhamente alimentado pela ascese, isso gerou o corpo burocrático, isso centralizou todas as atenções no dinheiro. O nivelamento extirpou a nobreza.

PLATÃO – A *arete* é uma coisa que vai e que volta, nada deixa de ser... Hípias, Górgias... Vejo que o século XX será a reprise dos sofistas. É um movimento decadente, se bem que necessário, estímulo para uma ulterior ascensão. Vês como a Idéia atingiu sua exuberância máxima em Hegel? E não obstante foi com este alemão que meus ensinamentos principiaram a degenerar. Quando meu irmão Glauco de minha pena rebate Sócrates e diz que a Música não pode conduzir o intelecto porque é arte, sensível, ele está refutando Schopenhauer. O Homem ainda vai navegar por estas curiosas águas do tempo, meu amigo, até reencontrar Homero! Ressurreição do Olimpo!

ARISTÓTELES – Que a nova era dos poetas dure três mil anos e que até lá joguemos e dancemos, porque não será mais necessário tanto falar... O *logos* fica em segundo plano, coagulado.

PLATÃO – Aristóteles, apólogo de Sófocles, vamos indo que aí vem a caduca mas invencível mulher chamada Esperança...

12 de fevereiro de 2009

#Antropologia & Religião #loucura #Filosofia

VONTADE DE (EXERCER) PODER

A Goethe
A Weber
E aos bons estrategistas

Por que o ser humano – jamais vi um caso – se recusa a fingir de modo que consiga as coisas fácil, que ganhe um atestado de que não é responsável sobre si e de que necessita de cuidados especiais de terceiros para sobreviver? Em outras palavras, de vez em quando me vem a idéia: **e se eu fingisse que fiquei retardado de repente, com vistas a escapar de trabalhar, estudar ou de ser dono de qualquer coisa no mundo da propriedade privada?** A fuga perfeita da burocracia que engole todas as consciências vivas, o resguardo em uma casa de loucos com cama, comida e roupa lavada (ou só os dois primeiros). Por que não? Ou a estadia em casa numa cadeira de rodas com a cabeça para o teto, a baba escorrendo sem-fim, os pais baqueados, sem alternativa a não ser servir? Algo aí não cai bem, e não é a desconfiança de que alguém não iria engolir o teatro ou a inexistência de planos paralelos (um deles seria cometer um crime hediondo para viver o resto dos dias numa jaula custeado pelo Estado).

Mas ninguém faz isso. É por culpa do transtorno que acarreta o simples pensamento de que se é um demente, um idiota. A humilhação instantânea. Todo ser humano vive para se esforçar e fazer seu melhor, mesmo que este melhor esteja muito abaixo do desejável. **Prefere-se as dificuldades do "mundo lá fora", o mercado de trabalho, o emprego insalubre, a existência sem sentido e o cotidiano enfadonho a qualquer enclausuramento mental.** Talvez bata também (como me aconteceu), quando se reflete detidamente sobre o tema, o medo de se tornar um deficiente mental de fato, como resultado do hábito da dissimulação. Quem finge que é possuidor de um outro caráter há muito tempo frente a certas pessoas sabe do que estou falando. **Uma coisa é parecer**

ser para angariar vantagens, outra é se converter na vítima do próprio golpe do baú. O que um completo incapaz poderia fazer? Nem que pedir esmola no sinal, **o ser humano exige o direito de fazer alguma coisa.** Quando penso que se tudo desse errado eu poria tal plano em ação, logo emanam dois impedimentos: o que eu poderia fazer? Talvez nem assistir televisão, ou ao menos não mudar de canal, porque não saberia mais contar, ou associar botões, controles, aparelhos, cores e cliques a movimentos coordenados do meu corpo. Não comemorar os gols do meu time. Não rir do que tem graça. Nunca mais. Tal perspectiva é apavorante. Não se está ganhando nada com isso. O sujeito mais convicto desta "saída" sofreria recaídas em menos de uma semana. Meu segundo obstáculo pessoal seria: **nunca mais escrever, o pior dos interditos.** Eu, que venho tentando emudecer, não aceitaria essa estaca no meu coração (onde afundaria, se entrasse pela mão destra), esse silêncio ainda mais fatal. Não acredito em loucos voluntários. No fim, em termos de sanidade, não tem como nos imaginarmos mascarados.

Tudo que cada um quer é aquele arrepio, aquela tensão, aquele sentimento de mover montanhas, que só se afiguram entre os poderosos. Ou entre as formiguinhas orgulhosas e persistentes que até o último instante têm esperança e apostam as surradas fichas nos seus sonhos.

(*) Para aqueles que consideraram ser este o ensaio mais ingênuo até então, se comparado com a série anterior, pense a respeito da doutrina da contemplação de Platão e Aristóteles: em busca da felicidade ou da *ataraxia*, viver a vida conforme as disposições de um débil mental. Recusar-se a qualquer tipo de afronta aos deuses! Ironicamente, tanta vontade de paz gerou "o mundo lá fora" desprezível que conhecemos. Mas nosso papel é aceitar a responsabilidade de combatê-lo, e não se esconder atrás de preces. Quem quer danar, vai salvar...
...e o verbo continua...

10 de fevereiro de 2009

#Filosofia #marxismo #Sonhos

O SONHO-PARÁBOLA PERFEITO

Proletários de todas as idades – falo de crianças e idosos, como no século XIX – e dos dois sexos, e uma voz que ecoa pela escadaria como se por um alto-falante ou por um sistema de rádio. Todos em trapos e inclinados à rebelião, exceto este austero homem da voz, devidamente engravatado. Firme, seguro. Ele representa o Capitalismo. A massa representa não o marxismo, a democracia ou o mercado de trabalho, abstrações: trata-se do homem, da condição humana. E os homens, em bloco, se bem que caóticos, descem as escadas. O ricaço – este anti-próton, antípoda da existência, que se aglutinou a nós, que se tornou desde tempos imemoriais nosso pastor – contempla, maravilhado. A escravidão em sua modalidade mais explícita me foi mostrada neste sonho-espelho. Não faz muitos dias, ou semanas, que ando tendo essas incursões filosóficas até mesmo na esfera inconsciente. É sinal de alguma coisa: essas questões se apoderaram da parte mais funda do meu espírito, da minha essência.

É como se o prédio se incendiasse e fosse posto em prática nesse exato momento um plano de evacuação, orquestrado pelo sujeito polido. Uma crise do sistema, uma desordem social, que logo será contornada, para que tudo volte a se assentar, como antes, ou mais que isso: em bases mais sólidas. As pessoas parecem saber disso, mas não há alternativa. Alguns, mais insurgentes, crêem que depois de hoje nada será como fôra, a verdadeira revolução se aproxima. A exploração sepultada? Meu sonho penetra no verídico devaneio de bilhões de homens no decorrer da História.

Algo, no entanto, paira insondável. Aliás, ao invés de estático este algo talvez seja dinâmico, fluido, movimentado, eficiente, faceiro, sábio, sério e brincalhão na medida – uma entidade que opera com conhecimento total das circunstâncias, cujos propósitos até escapam à cena, algo que consegue enxergar além, uma origem e um destino do processo em curso – o momento da correria pelas escadas é o Ocidente, o mundo moderno. Esta criatura invisível, onisciente e observadora, o que é? Deus? Não, óbvio demais... Sou eu! E afora alguns detalhes meu sonho – eu diria extraordinário vislumbre alegórico – não avança mais do que isso...

Vamos aos detalhes: o grande proprietário, a burocracia de carne, rosto bem-aparentado, sorriso elegante, bom porte, enseja organizar seus soldadinhos em batalhões de diferentes tamanhos, de acordo com faixa etária e gênero. Há, como já mencionado, um burburinho, um mexerico, uma espécie de pólvora que promete comprometer essas fundações e que, depois, venha o que vier. A taça cheia precisava derramar seu conteúdo. Antes que as filas se organizassem como pedia a voz, tudo se desvanecia e eu acordava...

Às interpretações: o que é que diferencia os planos da massa dos meus diante desse "filme"? E o que faz de mim um antagonista invencível para este homem, enquanto só os operários com suas vontadezinhas imediatistas não passam de brinquedos sob rígido controle do dono? Eu sou a perfeição, diviso até uma das aparências ocultas desse homem engravatado: não é mais esbelto e galante, mas um gordo de cabelos encrespados, uma figura feia e áspera daquelas ante as quais se deve cuspir no chão ao se lhe dirigir a palavra, ou engolir em seco, caso seja seu patrão. O semblante de um obeso que promove o escárnio, ri sozinho e mata com suas piadas: o inimigo da sociedade há dois milênios.

O que vai acontecer é que eu vou combater este centro de poder com o único contragolpe à altura: ele mesmo. Os homens que rolam escada abaixo não podem tentar queimar suas fábricas, destroçar o Capitalismo: este último sempre triunfa. Eles devem sê-lo. Devem se fundir com a figura sebosa do capitalista: milhões de homenzinhos iguais, com a testa engordurada, um sorriso doloroso, o terno passado e justo, a conta no banco tão gorda quanto a própria silhueta. Isso traz à tona um diálogo – mais para lição, nada amigável – que tive há meses com um estudante de serviço social, engajado na promoção da "justiça social". Agora sim, com todos se comportando de modo pragmático, lucrando e lucrando... tudo vai desmoronar! Essa é a função atual do sindicato: ser burguês. Tornar-se a burguesia (um estranho crossover, é verdade), a classe unificada, a última habitante deste planeta. Para então se autodestruir. Nenhum Aquiles escapa à sua sina. Clones em marcha: logo o senhor Narciso se enfastiará da própria imagem.

7 de fevereiro de 2009

#Filosofia #AforismosSábios #Prosa Não-ficcional #FimdeAmizades #juventude #megalomania

MINHA INTEMPESTIVA III: DAS VÁRIAS METÁFORAS QUE EU ENCARNO (versão do escritor)

"Eu me arrependo de tal coisa." Essa é uma frase corriqueira em nossas vidas. Mas tão comum quanto perecível. Quando se tem maturidade suficiente para se aperceber dos jogos de ação-e-reação que nos constroem e do papel do sentimento de culpa em cima de nossos atos, enfim, quando o sujeito aprende a "irrevogabilidade do crime" e enceta a direcionar seus erros a seu favor, tem-se finalmente autoridade para proferir a frase: "Todo arrependimento tem uma data de validade". Se nem todos têm, é melhor embarcar na ilusão de que determinada ferida irá cicatrizar – ou não se consegue viver uma vida. Atente para meu exemplo: pelo menos um ano me arrastando em sonhos para ser readmitido no Colégio Militar. Mas eu engolia o dissabor com meu orgulho de leão (e não de pavão, que é um ser belo porém fraco) e não contava a ninguém – muito menos aos meus pais. Eis que quando a oportunidade se insinuou, piscou, tremeluziu... eu já me havia apoderado dela. Bingo! Todo arrependimento é vencível – seja pela ação do tempo, seja pela labuta individual (obviamente, essa é uma categorização como todas as outras: falsa, pedagógica).

Eu não me arrependo de descartar amigos. Talvez eu me arrependa de *não descartar mais...* **Tenho de reconhecer que meu lugar jamais foi fora do reino burguês. Apesar de jamais ter sido dentro. É hora de cortar os laços que ainda restam para ser cortados. Não tenho mais amigos ricos e frescos. Sou tão estranho no ninho que, ainda que com um bom porte, roupas adequadas e um celular da moda, não me confundiriam com um deles. Portanto, as badaladas do relógio hoje indicam: é tempo de te desfazeres de quem te olha com estranheza não por estares de fora, mas por estares *intrometido*.** Ou quem seria o intrometido de uma história que começa na *minha casa* com convites constrangidos? Desde o início fui montaria de um grupelho que me olhava como detentor de benesses especiais – de caráter financeiro. E que outro seria?! Qualquer outra afinidade no meio do caminho é fachada. **Como disse, arrepender-se é ou precipitado ou vão.** Claro que se trata de figura de linguagem – todo ser humano se arrepende e ponto. Resta saber, contudo, o que se faz a respeito dessa angústia de não poder alterar o passado.

Minha vingança é atroz porque me vingo de mim mesmo. E quando reconheço o erro, resta muito pouco que fazer aos idiotinhas... Quem sabe já se conformar com o prejuízo seja a melhor saída para eles. Um ex-amigo que está indo para o saco nesta temporada chama-se E., *o adolescente de meia-idade, o Peter Pan ébrio e urbanóide que se dedica ao ofício de ser o contrário do que a cara estampa a cada finalzinho de semana, para descontar a frustração existencial.* Evidentemente, a cada criancice, faz questão de propagar sua moral antípoda: "aprenda com os mais velhos". *Precisa de um Cristo a cada* *sexta-feira porque a mão está cravejada de calos demais para que dê outros três passos adiante com a cruz nas costas. Talvez a madeira deste Pinóquio esteja tão podre que ele não se vê mais capaz de pressentir o mal que devém. Ele espera que um terremoto o avise, sem embargo o tremor de terra é o próprio mal do qual ele deveria ter sido alertado...*

Um pobre diabo desses, quando cair em si, vai notar o bilhete premiado que lhe escapou pelas mãos graças ao vento e que, quando estava prestes a reaver, escorreu pelo bueiro. Por um acaso um bilhete se arrepende de não ter sido de algum vencedor? Se não se está com o bilhete, a vitória é só um sonho perdido. O bilhete faz o vencedor. Nem que passe a ser benquisto, para o próprio gozo de si, o destino de se colocar fora de qualquer alcance no submundo, e deixar a mesquinhez lá em cima se acumular. Se todo o ouro volta ao dono, o único dono é o fluir ininterrupto, porque nesta aventura não há retorno – e se houvesse o dono já não seria o mesmo.

É chegado o momento, em suma, de singrar por novas águas, o que implica a deserção de marujos saudosistas em excesso. Nada de *velhacos com manias de meninice*, nada de bufões. Daqui em diante, que o capitão prepare o convés, a proa e o casco – e, porventura, se algo der errado, o bote salva-vidas.

Ficam registradas algumas dúvidas pessoais: 1) passarei meu segundo ano consecutivo sem me apaixonar? 2) quantas recaídas eu terei naquele campus? Vou me sujar de novo com aquela patota? Me sentar de novo naqueles sofás comidos por traças?

Aos parasitas: aqui estão as chaves, mas é bom olharem para o chão antes de entrar, porque esqueci de dizer que moro numa imensidão. Uma imensidão que, para pequenos praticantes da punga, não tem nada de inteligível, é só uma queda no vazio.

Eu sou perigoso. Não ofenda o solitário. Eu não tenho absolutamente nada a perder, em nenhuma transação termodinamicamente cogitável. Um espírito como o meu -- possui a sabedoria de cem deuses, e o conhecimento do veneno específico de cada um que

tem o azar de me surgir como pusilânime. Principalmente os outrora-outra-coisa. Eu emito sinais claros de que estou prestes a fazer uma "burrada". Como não se precaveram, os vizinhos indômitos levam um caixote: do cimo da onda – domadores do mar! – aos arrecifes. Se ter Napoleão como escada é o ideal, a meta máxima, tombar dessa escada deve ser o que deixa o cotovelo mais roxo: e se alguém nunca está tão elevado quanto quando sobre um lance de escadas, também nunca esteve em maior risco. Eu sou o homem-dos-riscos. **De que me importaria o juízo alheio, se só eu me leio?**

O trapézio que eu era, o palhaço que eu fui, viraram o fogo dos aros, as facas dos alvos e as luzes do palco. Sem mim vocês não são nada. Mas comigo estarão mortos ou ofuscados.

1º de fevereiro de 2009

#Metalinguagem #Prosa Não-ficcional #FimdeAmizades

MEA CULPA

Tive meus anos de 2005, 2006 e 2007 pautados pelo liberalismo econômico mais ortodoxo. Relacionei-me com veículos de comunicação, pessoas e defendi idéias que não queria – não quereria, é dizer, se pudesse medir as conseqüências hoje. Me defrontei com muitas instituições, programas, crenças e vidas. Gerei polêmica, gerei tumulto. Em sala de aula ou em ambientes de trabalho. É verdade que, receber, eu jamais recebi por isso um só tostão. Até em paradas de ônibus na calada da noite eu me engalfinhei com desafetos (nem que apenas imaginários). Claramente havia uma atmosfera que me infectava, um acontecimento político escandaloso, a desilusão do passado (do infrutífero século XX), um curso superior errado, o impulso por ser contrário ao vigente, personalidades de cuja paralisia eu precipitadamente me alimentava.

CILA OU CARIBDE

Poderia elencar as principais figuras vivas, e os principais projetos em que me engajei (me enredei, vi depois) neste período, plantando desesperança e querendo colher a realização da liberdade: Diogo Mainardi, e sua sedutora e espetacularizante retórica – hoje eu não sei quem é esse homem, o que ele escreve ou deixa de escrever; G.K. – que me achem, esses indivíduos, no Google, se puderem –, o "presidente inteligente popular amigo" que atualmente enxergo lá embaixo como tendo sido uma trava temporária (ele era presidente de uma 'limitada' de adolescentes faz-de-conta, não se formava por incompetência, apenas puxava o saco de algumas patricinhas, era somente uma daquelas crianças rejeitadas que cresceram com seu amor pelos videogames e pelo Tio Sam sem saber o preço de uma amizade); R.B., um antiquado um pouco mais genioso que a rede de amigos **geeks**[1] ao seu redor, que pensa em "entabular diálogo" como "impor o meu falo"; professores muito... pessimistas; blogs em que trabalhei "querendo raciocinar em conjunto", mas em que descobri o sobrepeso da minha opinião pessoal, dentre os quais o *Abrigo Polar*, o *Horário de Brasília*, *As Fantas*, o *Bicarbonato de Sódio*. Mi., talentosa mas desorientada, Ra. e Jo., Ma., um maluco ou outro da internet, P.L., o adulterador de textos, Ca., a chefe invocada, M.S., a de humor contagiante, colegas de ex-faculdade (ou ex-colegas de faculdade); todos me passam batido, independe precisamente de mim, o eu-lírico. Tem ainda o *demoro.com*, os jornais em que estagiei como clandestino. Seria impôssível lembrar de tudo de uma lapada só.

[1] Cabe aqui esclarecer por que utilizo *geeks* e não *nerds*, uma etimologia arruinada que confundiria meu leitor – enquanto ser pensante eu ser considerado na maioria dos círculos jovens como *nerd*, com ou sem óculos grossos e ar esquisito, é auto-explicativo o bastante. Meu conceito de *geek*, entretanto, é: aceitar o mundo adulto só no que ele tem de eufórico: o aumento de poder, o carro, a bebida, as mulheres, as festas, as compras, poder olhar de olhos caídos alguém na rua e rumar para casa. Mas recusar as responsabilidades. Às vezes o *nerd* (o *geek* que chamam de *nerd*) lê quadrinhos demais e esquece que por trás de toda a tecnologia do fabrico e a aparência há o fator humano e que nem tudo é uma rodada no *Outback*. Como o tio Ben do Homem-Ara-

nha já dizia... (a frase todo mundo sabe) Porém, ninguém aqui quer saber o que implica o trabalho. Quando você cresce e seus amigos não, fica essa dificuldade de definição: o que há com eles? É precisamente isso: um estranhamento intergeracional, porque você amadureceu mais depressa.

Este artigo não pode se resumir à modalidade acusatória. Também trago uma receita para um melhor entendimento de onde se pisa: 1) caminhar muito ao ar livre, se possível debaixo de sol forte e com roupas pesadas. Ou melhor: tentar os mesmos trajetos em diferentes horas do dia. Quando se está um pouco bêbado e se passa por uma cidade suja, escura, desolada e insolúvel não se acredita mais no capitalismo. 2) de vez em quando desligue a música e a TV e coma uma refeição em silêncio!

Continuando o que ia dizer, 2008 foi o ano da virada. E este texto é só mais uma pedra.

31 de janeiro de 2009

#Poesia

EU DANTESCO

Eu já visitei o Paraíso e voltei
Contei que fui rei
Riram de mim
Do profeta em mim
Mas quem senão eu
Para relatar
Os bastidores do pós-espetáculo
Se Real não é palavra por acaso
Que denota a realeza
De tudo que vai
E de tudo que volta

28 de janeiro de 2009

#Filosofia #AforismosSábios #Poesia

TRÊS ANOS DEPOIS...

É possível viver sem música, a menos que se tente matar saudades, o que intensificaria o desejo. Abandonar algo exige ruptura traumática (de delegacias a tédios infinitos).

(...)

ODE À VITÓRIA

Se ele não concede o queijo
não me pode ter na ratoeira
Num cenário de guerra franca
é melhor ter estômago fraco
do que coração fraco
Todos que lutam demais por tudo
e todo mundo
se esgotam rápido o bastante para esquecer
de si mesmos
Eu luto por uma pequena causa
que será enaltecida nos livros de História
Primeiro a sobrevivência
depois a liberdade criativa
Em questões fundamentais se joga pesado
O rato gordo não admite fazer dietas
E quando até o minotauro gosta de queijo...

23 de janeiro de 2009

#Antropologia & Religião
#Psicologia #Sociedade #sexo

ANÁLISE PSICOLÓGICA DO SEXO NO PORVIR

As orgias gregas não são como entendemos as nossas, porque os gregos não negavam o corpo. O Cristianismo é um estímulo catatônico à perversão. Universitárias com poucos dotes intelectuais logo se abandonam ao fogo, feito as bruxas. Estudo do prazer – dar ou obter o presente proibido/oculto. Mas tem de ser um jogo igualmente tácito, é assim que se joga. Se a libertinagem ganha publicidade e câmeras demais, inicialmente é prostituição, mas há algo estranho aí – uma umdança, um ganho contra o pudor moral. A permissividade como excitação (com predomínio ainda do sentimento póstumo de vergonha) cede à adoção hedonista como costume – não-proibido. Culto e re-valorização do corpo, portanto da nudez. Enfraquecimento da culpabilidade. Perversão → inocência (re-helenização). Nossas orgias ainda são o culto do socialmente reprovável. Caráter de desafio. Os bacanais gregos constituem o exame duplamente nu da verdade e das possibilidades do homem frente aos deuses – ele nasceu assim, ele é isso. Celebração da vida. O sexo sob o cobertor, o fabrico da vida às escondidas, soa como algo débil, aviltante da natureza humana. Até o ponto de se ter vergonha de testemunhar a cópula entre os animais!

"Se Goethe tivesse cavado um pouco mais fundo na essência da mulher, teria descrito um segundo Werther que foi levado ao suicídio não pelo amor frustrado, mas por ter logrado o amor carnal. Mil Werthers cometem suicídio espiritual, enredados na roda dos ciúmes, para cada Werther que quebra a cabeça porque uma plebéia idiota se recusa a atender uns suspiros apaixonados."
Friedrich Nietzsche

"Eu amei; eu também sofri, mas, acima de tudo, eu posso sinceramente dizer que eu vivi!"
Fiodor Dostoievsky

22 de janeiro de 2009

#**Prosa Não-ficcional** #juventude #megalomania #**Sociedade** #amor #hedonismo

O MELHOR GOLE D'ÁGUA

Hoje eu compreendo o sentido de três mudanças na minha vida: ter sido expulso do Colégio Militar; ter rompido com a quase totalidade dos meus colegas de curso; não ter me casado. Quando Nietzsche formulou o conceito de *Deus ex machina*[1] ele escrevia a serviço do cristão Richard Wagner. O *Deus ex machina*, se fosse atualizado, seria entendido como parte do indivíduo e de sua força – o sabor da roda do acaso. Sinto que estas três linhas divisórias da minha vida foram de obtenção inconsciente. Mas é o inconsciente nossa verdadeira fatalidade.

[1] *(P.S. 1/1/21)* Não "formulou", mas utilizou de forma muito característica em seu primeiro livro.

Não houvesse sido inconseqüentemente submetido a processo disciplinar na escola-quartel em que estudava aos 14 anos, provavelmente hoje eu teria profunda ligação com amizades daquele tempo. Faria parte de um círculo razoavelmente sólido na Universidade de Brasília. Gosto de pensar que sou um barco à deriva ao invés de uma ilha, então minha base fluida me permite conhecer novas águas. Hoje eu entendo a modalidade de comportamento daqueles garotos, uma vez crescidos, como não tendo sido alterada mesmo após tantos anos. Sinto uma diferença muito dilatada entre nossos pontos de vista. Eles são minha antinomia: os filhos, os profissionais e os cidadãos que eu jamais seria. Conversas tediosas, rotina hedonista (cujo sinônimo mais próximo é "pessimismo": falta de capacidade e de claridade mental para suportar a dor e até querê-la, como nascedouro de novas vitórias), projetos ligados ao dinheiro e falta de discernimento psicológico. Sem dúvida esta última característica é a que mais me irrita: não conseguem compreender as atitudes dos outros (eu posso estar feliz com a cara mais séria!). Tal deficiência é óbvia, pois seus universos são como a viseira de um cavalo.

Êxtase e Auto-glorificação

O mesmo problema – exatamente o mesmo – se verifica entre novos jovens. Não tão novos assim: parecem cópias dos primeiros. Ao entrar no curso de sociologia, procurei avidamente me entrosar. Conhecimento e reconhecimento instantâneos. Estava caindo na mesma cilada de quatro anos antes sem perceber. Mas novamente houve uma interferência do que eu posso chamar de **"o manobreiro-eu"**, sua parte mais colada à essência, sua personalidade verdadeira, que opera sua casa-das-máquinas. Contra os incuráveis hedonistas – perguntem-lhes por que bebem tanto, o que querem esquecer, por que preferem a palavra "solução" a "problema"! – encontrei a solução da mímica: me tornei o superlativo do beberrão. O que aconteceu depois disso foi a quebra de um dente da frente numa escada e o dano moral. Finalmente o operador se recostou aliviado e emitiu um suspiro: seu pupilo absorveu o recado. Pude iniciar meus rompimentos no *campus*: uma série que ainda não acabou. Disposição havia, mas faltava o motivo: um para cada um, como seria desgastante! Mas, ao fim, bela manobra! Infelizmente, depois de baixar a poeira, percebi que algumas cabeças permaneciam fiéis. Mas eram fidelidades que doíam. Querer-se todo para si: esse é o extremo do amor! O próximo trabalho, em curso, está sendo revolver essa gente, que também me faz sentir apequenado. Já não basta a carência de rivais dignos, para injetar um pouco de graça? O que há no momento são mil sombras indiferentes e alguns adolescentes que ainda me incomodam por estarem do lado que se chama de "os amigos": não há grupelho mais propenso a destruir o que um tem de mais valoroso do que esse. É preciso tomar muito cuidado com cada coisa que deles se ouve e com cada postura que eles sub-repticiamente nos incitam a tomar.

Meu plano inicial – e falo de outro tipo de relacionamento agora, ocorrido cronologicamente entre esses dois primeiros marcos citados – era terminar a faculdade de jornalismo já despachando num jornal e me casar. Havia pressão da namorada para que isso acontecesse, e como ela era "o bem mais precioso" eu tinha de me esforçar. Uma vida inteira ao lado de quem se ama, a segurança sexual almejada pelo homem, quem sabe daí a vôos mais altos: lindos filhos, a propalada vida do bem-estar. Era o vírus do hedonismo, do ser humano sempre apático diante do que a vida tem para oferecer, esse querer-se enclausurar num conto-de-fadas, que me atacava outra vez. Como o ferrão de uma abelha, ou a agulha de uma injeção, de quem espera a anestesia, a sonolência, a amnésia profunda. Eu havia me esquecido que o amor perverte mais do que a amizade, é a amizade que dorme consigo na cama! A amizade de papel lavrado. A amizade não é o problema. Mas ser a amizade errada, e não sabermos onde raios se encontram as certas. Parece que não há naturezas como a minha. É esse o preço a se pagar por se desejar um pouco de desafio, querer tomar um gole d'água gostoso, e não porque se diz por aí que beber água faz bem para a saúde? Que bem é esse? Viver mais enquanto se nega a viver? Minha potencial noiva se apaixonou por outro e o sonho americano foi pulverizado. Aos 20 anos, eu confesso que sei demais: muito mais do que jovens hedonistas, cuja preguiça me cansa. É preciso aprender, tolinhos, que o gole d'água só é gostoso quando se está com sede...

* * *

#**Filosofia** #AforismosSábios #Antisociologia #Nietzsche #niilismo #PensamentoÚnico

DESENCANTO E REENCANTO DO MUNDO

Lendo *CartaCapital* e a matéria sobre o barulho crescente de São Paulo e juntando isso com o *Necrose* de Edgar Morin eu cheguei a um importante *insight*: contrariando – ou, antes, solvendo a dúvida da – minha nota prévia (abaixo) sobre o horror nuclear, o grande fenômeno que parece demarcar o início da derrocada do Ocidente e que sucede imediatamente o ponto máximo da era fabril é mesmo a Segunda Guerra Mundial. Agosto de 1944, para ser mais exato. Neste momento os embriões congelados das criaturas e coisas trágicas começam a fermentar. Este é meu procurado "turning point" da transmutação de todos os valores. É a este momento de sangue semita-japonês que Nietzsche se referia com garbo meio

Êxtase e Auto-glorificação

século antes. Apesar de índices enganadores como o neoliberalismo pujante dos anos 80-90, isto já é decadência, pois o fôlego dos Estados representou a espoliação das massas, assim como o poderio soviético nos anos 50-60 é a demonstração de que a assim chamada cultura moderna não consegue sustentar seus ideais, embarca com fé numa nova solução, uma resposta para a crise, a qual irá tombar.

A Liberdade, dilema sempre central – cuja apoteose se deu na Revolução Francesa, durante a qual o homem estava no ponto-médio entre o servilismo feudal e a escravidão humanitário-democrática (julgando-se vitorioso sobre a primeira condição e ignorante da segunda) –, chegou ao paroxismo da sua auto-destruição com vistas a tornar-se soberana: abdiquemos de nossa liberdade individual, como autores de escolhas, e sacrifiquemos o czar, defensor de uma liberdade antiga e ultrapassada, para que as vozes sábias do Partido Comunista nos ordenem como há de ser daqui em diante, sem Deus. Esse era o teor do discurso, se pudéssemos ter ouvido francamente.

É conhecido o cenário vigente de proto-deuses que ainda concorrem para tomar o lugar da falida deidade cristã, do envelhecimento e pacificação da população, da desertificação, da mentira do crédito e da busca pela vivência alternativa, seja ainda parcialmente consumista ou radicalmente eremita, mas sempre mais "Gaia". A aceleração, que é ininterrupta ao expectador, é aparência. Não existe expectador, todos estão do lado de dentro do trem-bala. Talvez por isso não percebam, mas a sensação de velocidade se intensifica não porque os trilhos sejam percorridos mais rapidamente, mas porque as edificações do último milênio vão desabando em ruínas como nunca antes. Se Guy Debord soubesse que seu retrato não passa de aparência...

Este escrito é de alguém lúcido, no olho do furacão. Minha única ressalva é: não admito a ingenuidade de que novas catástrofes não ocorrerão e que a transição será tranquila – vide proliferação nuclear entre nações do Terceiro Mundo. Intentei apenas descrever qual momento histórico era o ápice da contradição, entre tantos episódios, passados e vindouros.

CILA OU CARIBDE

Escrevi em 7 de dezembro (com reformulações na data presente para tornar o manuscrito acessível):

Terão sido as Guerras Mundiais e a Guerra Fria – o século XX – o estopim do processo de loucura niilista por que perpassa a humanidade, ou a a-humanidade, o ocidente decadente? Teremos a tranqüilidade de dizer que doravante o anel exibe sua curva ascensional rumo à idade de ouro trágica? Ou é necessário mais um esforço, um empenho sublime, um contagiante acesso de fúria, uma alta da maré tanto mais feroz para nosso século quanto o que a onda nazista representou para o rochedo outrora tão vacilante, inconsistente? Este, o rochedo da capacidade de assombro humano – o que hoje nos assombraria, para além de duas nuvens de cogumelo? O que será isso, ó Mãe-Natureza? De uma coisa tem-se a certeza: não existe fim de mundo, ou fim da História...

> *"No princípio, era a ação!"*
> – W. von Goethe

O sociólogo precisa entender o que é apurar necessidades. Eu trato do que é inevitável a longo alcance.

Existem pessoas centrípetas e centrífugas. Algumas empobrecem sua essência ao longo da vida, dissipam suas energias. Eu reúno o gasto sem propósito ao meu redor para realizar meus projetos

13 de janeiro de 2009

#Antropologia & Religião #Filosofia
#metafísica #Nietzsche
#PensamentoÚnico

NIETZSCHE CONTRA TODOS, APOLOGÉTICA DO HOMEM

Sobre a imaturidade autoral: quando publicar imediatamente uma obra ou esperar mais tempo. Nietzsche já era auto-suficiente, se assim se pode definir, quando lançou O Nascimento da Tragédia. Zaratustra sem dúvida é outro píncaro, mas são aí dois autores cuja relação de linearidade não pode ser traçada.

Jesus e Nietzsche: os últimos transmutadores, os bodes expiatórios da Europa. **É citado Copérnico,**[1] e poderia ter sido lembrado Galileu: aqueles que não tiveram problemas para levar adiante suas revoluções em vida, ou que desistiram em um último momento porque não tinham a força requerida. Nietzsche é um contra-exemplo: não se ajoelhou, não pediu perdão. Foi este santo que pagou com o próprio sangue para que os preconceitos da época fossem revistos. Aquele que não gerasse polêmica – um wagneriano – estaria levando a Europa para o caminho mais fácil e equivocado. Jesus podia muito bem ser substituído por Sócrates, para ficarmos na filosofia. Um homem como Sartre, que se torna pop star e colhe os bons frutos em vida...? Não se se quiser *a verdade*. Hoje em dia parece ser fraco o apelo de Cristo: quem morreria por ele? De igual modo, não conheço outros filósofos tão proscritos... Lutero quase representa esse *pathos* fatalista. Mas esses cânones modernos, de Platão em diante, tiveram existências tranqüilas, uma posição por demais asceta. Nietzsche jogou fora, por assim dizer, uma carreira de talento precoce para enobrecer o homem niilista. Professor da Universidade da Basiléia aos 23 anos, trabalhos sobre os pensadores do helenismo que eram muito lidos e divulgados com prestígio. Era apadrinhado de dois influentes mestres, Ritschl e Richard Wagner. Só um louco ou idiota – para Dostoievsky – abriria mão de sua trajetória individual para conceder aos humanos do porvir, a essa massa cristã desesperançada, a chave da cela. O meio-dia da eternidade. Sua posteridade auto-sentida pode ser atestada pelos subtítulos de suas obras. Zaratustra: *um livro para todos e para ninguém*. O irônico é que algumas tempestades sobrevêm sem aviso. A dinamite nietzscheana quase não tem explicação. Seu estado mental, talvez o corpo mais perfeito de todos, o mais intenso brilho da arte até o século XX, assimilou o que um mero humano com sede de afronta e de desafio não lograria fazer. Pode-se dizer sem medo que a Prússia estava diante de um *milagre*. O filho de Deus voltou à Terra, pereceu, procrastinou o Juízo Final por mais 2 ou 3 mil anos e ninguém está ainda a par. Se eu achasse ainda por um segundo que vivo em vão haveria aí um *grande desperdício*. O engraçado é que, ao contrário de Sócrates, Friedrich jamais teve um intérprete a sua altura. Tendo escrito – muito –, talvez tenha reunido dois em um, professor e aluno. Não era seu filho espiritual esse tal de Zaratustra?

[1] *My Sister and I, Introduction*, por Oscar Levy.

Pequeno pedido: que os Direitos Humanos, que nunca existiram, fossem declarados inutilizáveis por qualquer nação. Que seu uso como prerrogativa para o apodrecimento do homem seja proibido. A guerra, atitude que jamais deixará de ser nobre, da qual cada um de nós homens poderá tomar parte um dia, é a mais peremptória negação desse remendo brutal da oratória suja do século vinte: e assim deve ser. Que o direito – e até a obrigação – de matar o próximo seja olhado com carinho. Viver é matar todo dia.

(P.S. 11/I/22) Sinto-me na obrigação de esclarecer a *semântica completamente antifascista – a despeito das aparências – destas últimas declarações*. Nada de antilegalismo estilo "queremos menos direitos do que os previstos na CF88", como é o caso dos *bolsominions*: estava querendo dizer que na verdade os direitos humanos, tais quais estabelecidos pela ONU e promovidos pelas democracias ocidentais CAPITALISTAS (o exato oposto de "direitos humanos") de menos de 100 anos para cá nunca foram *reais* ou *sinceros*. Precisamos de bem mais do que isso em honra do homem,

ou do que vier após o atual projeto de homem – do nosso futuro, em resumo. Sou, também, contrário à estética da guerra (vide futurismo modernista) e a qualquer tipo de conflito bélico *moderno*, estes entre Estados-nações. Pensava sobretudo no *agon* grego da rivalidade quando me expressava desse modo, um *ethos* que poderia até ser mortal, mas cujo sistema de valores nada tinha a ver com as mesquinhas relações político-econômicas de hoje em dia. Reconheço que há uma imaturidade e excesso de entusiasmo juvenil neste texto, que parece *exigir* ser mal-interpretado – por isso mesmo, há a necessidade dessa justificação extemporânea, virtuais 13 anos depois! Eu só dou voz a uma exclusão da hipocrisia que todos se sentem diariamente impelidos a tentar, tentativa cuja impossibilidade nos sufoca sem trégua. O atual modo de produção *é* uma guerra suja, bastarda e silenciosa, em que apenas os mais ricos indivíduos levam a melhor. Todo e qualquer cenário diferente desse pacifismo inautêntico e covarde já me soa uma melhora.

***

#Filosofia #Sociedade #MídiasDigitais

A VENDETA E O MAL-ENTENDIDO: O CENTRO, A LENTE E O REBANHO

Hoje a chamada "instância central" dita o comportamento humano. Porém, não existe qualquer fonte objetiva – mediana social – quando se fala em homem. O indivíduo contemporâneo é apenas uma planta adulterada – o rascunho original está perdido. Com respeito a qualquer grandeza e dignidade na palavra "homem", elas vêm do próprio ente, não da transferência de responsabilidades ao vazio. A proibição da vingança pessoal é o indício mais claro dessa falência moderna do homem: o Estado é o responsável por julgar, vigiar a condenação, condenação que ele próprio criou... Mas quem é o Estado? Não se trata de um homem maior e mais poderoso – trata-se da covardia dos pequenos reunida. Sentimentos agregados de vergonha jamais fariam frente a *um* gênio indivisível, ainda que renegado – por isso nem se pode falar em Napoleão, que já em seu tempo foi a esperança do "século", até sucumbir à máquina burocrática.

Quando o Estado é questionado há cheiro de grandeza no ar – ressurreição? Exceto quando esta revolta é inspirada por outro "centro neutro" ao invés das pessoas. De novo a ingerência do espaço vazio! A lente midiática atua como um segundo detrator da verdadeira assunção de responsabilidade. É um Estado sem sede ou exército – ou talvez essa assertiva seja muito ingênua. A vendeta da televisão é apenas outra cadeira elétrica. Não há aí punição com as próprias mãos. Há apenas uma sujeira anônima – no íntimo, esse anonimato é uma confissão de culpa geral, em uníssono. Uma sociedade que gostaria de ser queimada na fogueira. Quem é o carrasco?

A conversão da imprensa dos magnatas em "cada um emite a sua notícia", paradoxalmente uma tendência em propulsão graças a um grupelho de bilionários, que começa a falir os jornais e vê a infinitude dos blogs (ou infinidade de blogs?) no espectro, é uma resposta inicial de uma mãe-natureza que nunca morre, de uma história que não acaba. Digamos que daqui a duas décadas já esteja bem mais claro o "olho por olho". Eu quero ser reconhecido por isso! Quem grita mais alto passa a ser ouvido: a atração será a magnitude do próprio eu, nada de cunhadismo – que cunhadismo? Um brasão de família que volte a arder! – ou venalidade. Já há blogueiros que não silenciam barato...

4 de janeiro de 2009

#Metalinguagem #LiteraturaRussa #Poesia

REFLEXÕES (SOBRE TOLSTOI, NABOKOV E OUTROS): ROTEIRO ABORTADO

"Exprimia uma vontade de sentar-se debaixo de uma árvore no meio do nada e nunca mais ser encontrado"

Escrever um livro: só quando eu tiver o meu espaço, os meus pensamentos, o controle sobre as coisas e, o principal, poucas coisas.

Pensei em alguém com um colchão e um conhaque em um cômodo – cubículo – de paredes descascadas. Havia ainda um lavabo mínimo e uma "louça de cozinha" – na verdade outra pia simples, no próprio quarto. Seu hábito preferencial é caminhar sem trajeto fixo enquanto fuma e pensa. Pensa cometer um crime. Está desempregado e seu dinheiro se aproxima do fim. Não pensa em pedir auxílio para a família. Retraiu-se, escondeu-se de todos os amigos, desde que está alojado ali. Fará uns bicos por alguns fins de semana. Lavar carros, atuar como garçom. Mas não pensa em converter mais nada em rotina. Pensa na prostração que o levaria à morte por inanição. Mas se julga de índole fraca para isso – acabaria desistindo. Talvez um crime banal e a reclusão com subsistência subvencionada pelo Estado? É branco e sua família acabaria por interceder. Um jovem de berço ligeiramente nobre já não pode pensar em uma vida de cárcere... A não ser que fizesse da fuga sua única constância. Que matasse alguém que não podia matar e tivesse de se considerar um foragido irrecuperável. Matar o pai! Brilhante, porém nada inédito. E agora tudo não passava de idéia mal-resolvida... De sua vida pregressa, nada se sabe OU não se trata de alguém demitido, mas de um professor que declinou do magistério – e que antes disso se envolvia com alunas, estabelecia rixas com seus colegas e adulterava provas. Tinha toda a capacidade normal atribuível a um jovem recém-egresso de um bom curso de sociologia. Dir-se-ia que suas leituras complementares até excederam sua formação superior – ele sentia que sabia até demais. Fosse por relativa insegurança na transmissão do conteúdo em sala, pela falta de sentido disso ou por não encontrar público real para suas palavras, o mérito é de difícil julgamento, recusou-se a respeitar as normas de seu ofício. Uma catarse? Uma vingança! Decidiu não mais afetar indiferença em relação às cantadas das garotas. Teriam quinze anos, assim como todos os meninos. E nenhum entendimento da vida que os esperava nos próximos dez. Muitos pegariam em revólveres, fariam supletivo porque haviam largado a escola ou iriam conseguir, eventualmente, uma bolsa para se formarem. Mas não seria comum. Não seria interessante. Melhor pensar que todos os alunos não passavam de imprestáveis, lixos sociais. Teria sido então que seu apreço pelo ser humano decaíra tanto que automaticamente matou. Acasalou com a pupila e depois sentiu nojo – decidiu ignorar que tivesse pais ou a obrigação de ir à escola no dia seguinte. OU como cometer um crime? São muitos eventos, mas nenhum dignificante para um escasso grande homem. Seu dever autorizaria sua morte, seu ingresso no anel, seu infinito, sem um grande ato? Decidiu amealhar fundos para conseguir exibição nacional: excesso de cocaína e invasão do congresso? Não, bobo demais. Talvez se tornasse um traficante e com isso se comprouvesse. Os objetivos se tornaram pequenos demais. Nada de ser pássaro-apolíneo-solitário.

...Essas idéias são boas, mas o ideal é "normalizar" o personagem e elaborar um elenco que interaja bem...

29 de dezembro de 2008

(sem classificação)

EMBURRADO COM A IMPRENSA

(...) Este blog não aceita as novas recomendações ortográficas que começam a viger em 1º de janeiro de 2009. Algum problema com isso?

(P.S. 2021) Ainda não sigo o acordo LUSITANO de reforma ortográfica IMPOSTO aos escritores brasileiros nesta data!

8 de dezembro de 2008

#**Metalinguagem** #LiteraturaRussa

O IDIOTA

O idiota é, naturalmente, aquele que ama.

"*O ataque epiléptico é um homem gritando dentro de outro homem.*"

7 de dezembro de 2008

#Futebol #Brasileirão #Corinthians #Sonhos

DE ARREPIAR A RAIZ DOS CABELOS

Acordei assustado. Eram quinze e um. Porém, os relógios do microondas e do rádio, as únicas referências, estão piscando. Sinal de que a hora não está certa. Deve ter chovido e um raio resetou o horário durante a noite. Ansioso por saber o verdadeiro momento em que acordei, liguei a televisão. Está passando Domingão do Faustão, nada mais cotidiano (digo, para um domingo). Na RedeTV, um estranho programa de auditório com a Eliana que nunca vi na vida. Apesar da novidade, nem me interesso muito: a TV perdeu a capacidade de mexer com a gente; perdeu nosso respeito; a gente se sente anestesiado diante da caixinha, "anestesia" é bem a palavra. Mas e o jogo, e o jogo? O Domingão do Faustão é uma atração tão gigantesca que não sabemos se é 4 da tarde ou se pode ser 8 da noite... Claro, a Globo nunca vai deixar de mostrar futebol, acaba "cortando em dois" o programa... Mas sei lá, um dia poderia ser que... Bom, para checar se não estava atrasado, mudei para o SporTV.

E foi então que me desesperei de vez. SPO 0 COR 1. Sim, isso mesmo. São Paulo Futebol Clube, placar vazio. Sport Club Corinthians Paulista, um gol anotado. É segundo tempo, começo, ao que parece. Rogério Ceni faz como Marcos outro dia: parte atabalhoado pela intermediária, tentando evitar o segundo desastre. Quem diria que a decisão do campeão por pontos corridos ficaria para o clássico paulista? O Grêmio poderá abocanhar o título se o SPFC tropeçar no arqui-rival... "Segundo desastre"? No meio de semana, quarta-feira, o Corinthians havia curiosamente eliminado o São Paulo da Copa do Brasil... Acordei assustado. Eram nove e um...

5 de dezembro de 2008

#**Filosofia** #AforismosSábios #niilismo

CONTINGÊNCIA E PESSIMISMO NÃO SE TOCAM

"o tempo moderno e, especialmente, como parece, a situação global vivem num *sentimento de tensão*, de esperança de pressão não-solucionada *como se ainda fossem chegar à coisa principal*"
Simmel

Situado num tempo de estresse e de inclinação ao erro e ao ato falho, encontro-me em condições análogas tanto a um indigente paquistanês de hoje quanto a um mecenas do *Quattrocento*. Também não sou um desgraçado por nascer entre dois tempos e mundos que se desmancham ou que não se formaram ainda, respectivamente. Não vivo mais. Não perco nada, não me arrependo. Pertenço a um limite que não pode ser transposto porque o limite é o limite, por assim dizer, e se pudesse ser transposto haveria apenas uma coisa do outro lado – o *nada*. Sempre houve e haverá vontade-para-a-transcendência, aliada à sempiterna impotência de fazê-lo. O certo é ser uma exceção e viver este lindo evangelho! Não existe cansaço acumulado. Tudo vale a pena, no fundo, no fundo. Além disso, o ser humano inventaria os problemas no caso de que não se os tivesse. Esta é a arte e a verdade absolutas do momento presente. Até o próximo rodopio... Se há qualidade na quantidade é essa das "vitórias sucessivas" contra si mesmo, quando me sinto o melhor de todos os meus tempos e efetuo um registro – um querer-cristalizar. Águas num canal.

"Um nascer do sol que não é visto por nenhum olho humano não acresce absolutamente valor ao mundo, nem o torna mais sublime, uma vez que sua facticidade objetiva prescinde dessas categorias; mas tão logo um pintor reproduza a atmosfera, o sentido da forma e da cor e a capacidade de expressão deste nascer do sol em um quadro, passamos a considerá-lo um enriquecimento, uma elevação de valor da existência em geral (...) a existência do mundo nos parece mais digna, e seu sentido nos parece mais próximo."

CILA OU CARIBDE

"Para o sentimento de vida moderno, a Antiguidade tem muitas vezes esta coerência auto-suficiente e acabada que impede sua recepção em nosso ritmo pulsante e ininterrupto de desenvolvimento."

O topo nevado que continua intransigente à mudança das estações.

"toda moda singular aparece como se quisesse viver para sempre"

"o aventureiro profissional faz da ausência de sistema da sua vida um sistema de vida"

O excremento quando sai é o recado de que vêm mais aventuras. E o que é a ejaculação? O mecanismo biológico a garantir o prolongamento da aventura!

Um sim traz infinitos pecados.

"O pensamento lingüisticamente ativo não agüenta a si mesmo, a longo prazo"

24 de novembro de 2008

#Filosofia #niilismo #Metalinguagem

(...) Não nego que sou religioso — isso seria estúpido, conhecendo a mensagem que quer ser passada (a de que o niilismo é a sobreposição do indivíduo com um deus morto) — e que espero, assim como o cristão, a redenção do homem para o amanhã. No entanto eu tenho uma postura de vida absolutamente divergente do "deixar-morrer" do mundo-verdade. Não é que esteja esperando um fato histórico, uma esperança retilínea, mas sei que esse momento chegará, como chegou, chega, está chegando (não há tempo verbal adequado), porque a história do universo já foi contada e se reprisa em auto-glorificação, como na curvatura interna imperturbável de um anel.

(...)

Ao meu redor (...) a linguagem revive, ganha a vida tão ausente dos olhares e suspiros daqueles com que co-habita. (...) O propósito do artista é participar da forja do anel.

Este foi mais um balanço momentâneo de minha obra até aqui.

22 de novembro de 2008

#Cinema #Antropologia & Religião #ética #Metalinguagem #LiteraturaRussa

CRIME, CASTIGO E ANOTAÇÕES...

Os dois pecadores clássicos: o assassino e a prostitua. Vender o próprio corpo – fazer vazar o sangue – e inutilizar o alheio – idem – constituem os dois tabus fundadores da coletividade humana – ou da pré-história do homem. Para assassinos e prostitutas não há família – o que significa que podem ser avatares não do passado, mas do futuro. Não há totem tampouco, não há mais tabu. Sem o cabresto, a liberdade e o poder. Eis o Homem.

Sobre o protagonista *Rodion Românovitch Raskólnikov* recai um antes inesperado sentimento de culpa e ele confessa o crime. Afirma, no último diálogo que manteve antes da confissão à polícia, que não é um niilista. Não é um niilista, é um niilista piorado: tornou-se um cristão.

E a mãe, esta foi blindada da verdade – o que me remete a *Adeus, Lênin*.

* * *

#Antropologia & Religião
#monoteísmos #Cinema #cult
#violência #Filosofia
#AforismosSábios

ELEFANTES ACADÊMICOS

Sentimentos são sentidos por músculos, e o artista é o que sente.

(...)

O sentir-se culpado e o realizar-se estão muito próximos.

(...)

Beethoven e Hitler; nazismo com beijo gay; games violentos e *bullying*; *e-bay* para menores, família, diretoria...

(...)

Massacre de *Columbine*: Eis o perigo do sociólogo-estatístico associar fatores como "nº de execuções de música clássica na rádio local" com "aumento da criminalidade", vulgo "nº de execuções na vida real".

(...)

A realidade petrificada tende a se destruir em prol da conservação do não-equilíbrio ("e esta é a única coisa que está *demonstrada*!" VdP) (...) Só o que mata vive! (...) Todos são padres loucos e freiras prostitutas (*Sônia*)...

(...)

Eu sou minha diarréia, gengivite, tabaco da lenta morte, dente quebradiço, auto-intoxicação (...) Eu cultivei minha própria janela de ferro imperecível. Eu escolhi isso. (...) Sou o resumo da história a longo prazo. Deus está morto porque se suicidou...

(...)

O diálogo infindo: meus sonhos *cresceram*. Sou mais sensível porque troquei mais sensibilidades?

(...)

Me revolto com a crença na certeza (ainda bem – primeiro passo para não cair no messianismo!).

(...)

Zaratustra que observa o leão comendo seus hóspedes, ébrios: aquilo não passava de um jogo inocente.

(...)

É por acreditar no mundo moderno enquanto procura justamente rompê-lo que a sociologia é a crise em seu último grau...

(...)

21 de novembro de 2008

#**Poesia** #**Prosa Não-ficcional** #**autoimagem**

O QUE FAZER COM A MEDIANIA?

Ela me olha aonde eu vou
Ela senta nos meus assentos
Ela fala como pretenso sábio interlocutor
Ela pergunta: por que anda trocando a prosa por poema?
É instinto!
Não desejo mais que um ou dois seletos
Cheguem a minha essência;
Pois, enquanto minha essência e não algo dado,
obviamente, só é tirada de mim
(quando a olham e a tocam)
Prefiro meu jeito – de cultivá-la
E desta vez é a sério: sem acidentes.

E então, aforismático? Suas necessidades vêm crescendo... O que fazer com a vil ania?

Fá-la morder a isca!

CILA OU CARIBDE

Que leva a seu fel.

Nunca hoje, mais, ando encontrando a parceira. Havia de ser mulher não-de rebanho. Essas meninas do campus são todas novinhas. Umas virgens ou depravadas! Eis um campo sem direito a parcial. Enfado-me tanto mais quanto venço a mim mesmo todos os dias e coleciono troféus! Sei que durante alguns momentos sou visto como deus. Minha próxima vitória é ampliá-los.

Sei, outrossim, que meu sistema psicomotor e as dificuldades impedem que eu deixe de cometer alguns deslizes. Ah, o sono... Essa peste que me detrata... Se eles são gatos, eu sou o velhinho que escarra...
Aliás, em Camus há sempre um sádico de animais!

Eu sou o sádico do meu zoológico e da minha veia esquerda. Quanto mais faço bocas cessarem de falar me comprazo do meu desprezo.

Quem é a próxima vítima...

1... 2... 3... Testarei algo...

Calarei a boca e não citarei mais Nietzsche.

O primeiro que encher a boca... e perguntar dele, como bem fazia outro – ou se utilizar de bordões nefastos – teria preferido um sopapo...

Estou farto dessa herança desse dogma de participações...

Com quem eu mantiver interesses de segunda ordem esta regra não vale – ainda sei ser econômico no senso cristão!

Quero testar mais que qualquer coisa ali onde o cansaço de qualquer modo me neutraliza... O silêncio – o velho silêncio – na mesa do bar... E nada súbito. Distanciamento gradual, o melhor... Adeus, rostinhos – já bastou de confidências.

* * *

#Poesia #amor #decadência

POEMETO GUSANO?

Começamos a duvidar de que o tempo
já tenha passado...
Se há algo a louvar nesta época
É a rachadura dos ídolos
A Lei da Inércia
Cair no Ridículo
Um gato-zumbi
Uma explosão
Podem ser as respostas
Para todas as perguntas
Que podem conter
novos pontos de interrogação

* * *

ARQUI-INIMIGO TRANSCENDENTAL

Quem, afinal, é meu inimigo mortal?
Minha família stricto sensu? (eu vou colocar o itálico na sua bunda)
A vizinhança burguesa? Esta chafurdou em ostracismo!
Algum algoz de longa data que sinto que esteja a minha altura?
Sua potencial inexistência talvez explique minha crise de poder
Nenhum capitão honroso com quem medir forças
Parece que vagarei mais tempo no lombo do burro até encontrá-lo – este outro eu.

A propósito,
não é o amor uma forma de ódio?
Este conter aquele não deprecia o primeiro, senão que é toda a razão de seu vigor
Talvez o mundo seja o meu inimigo, porque me jogou em adversidade infinita, infinita em termos
É certo que posso contá-la!
Para depois cobrar o débito!

* * *

DITADURAS & GLÓBULOS

Por que escrever poemas
É o meu caminho
Se minha opção é por encravar mais um espinho
Na mão já espicaçada

CILA OU CARIBDE

Que é que vossos sermões têm com isso?
Se digo o que tem mais valor,
Sou autoritário
Se demonstro,
Sou conquistador
Entre Mussolini e Napoleão
Menos de uma galinha
Que um ladrão pode muito bem roubar.
(P.S. 2008) Sangue não se produz em açougues! Eles só o fazem jorrar aos montes. Eu sou um artesão venal, e treze dialéticas não iriam me desmentir. Quero ver esse espinho reluzir ao Sol. Um Sol mitológico ainda não encontrado. Não perdi por enquanto o respeito pelo Sol. Para mim, ainda é Sol. Não sol.

3 de novembro de 2008

#Antropologia & Religião
#politeísmos #Filosofia
#AforismosSábios

Obviamente, **o grande problema é como responder à pergunta "você acredita em Deus?"**. Tanto faz, porque ao cabo não me importa, só que, se eu quisesse responder com alguma fidelidade a mim mesmo, teria de fazer longas incursões. Ou não?! **Direi que sou politeísta, eis um belo atalho!**... O ateísmo é só uma forma aguda de cristianismo...

Deve ser patético *não ser deus* – sim, nem me lembro como era essa época!

A academia é uma ilha que pretende descrever um continente via telescópio enferrujado.

Quero ler muitos romances, quero ainda ler muitos filósofos e escrever sobre eles, quero poetizar, escutar música, conhecer mulheres... Mas o principal não é isso...

7 de outubro de 2008

#Sociedade #AQuestãodaMulher #sexo

Por que a prostituição jamais esteve tão presente após a crise da instituição do casamento no Ocidente hodierno e não o seu contrário

Artigo dedicado a
colegas de discussão, em especial o Thomas
qualquer um que discorde dos métodos do professor L.G.
os fãs de artigos bem-escritos
e, finalmente, às corajosas namoradas de quem primeiro ler (obviamente, homens)

Na página 8 de *Filosofia do Amor*, Georg Simmel nos brinda com a seguinte passagem: "**é fatal que um aumento de cultura acarrete uma necessidade maior de prostituição**", no que foi desqualificado peremptoriamente pelo cânone do magistério de sociologia da UnB, G*****, em sala de aula repleta de alunos. O professor defende que a variável "**flexibilidade da moral**", em cem anos, tornou a afirmação *obsoleta*. Não é verdade. Ela jamais foi tão válida e referendada pelo quadro social. O "empirismo neoplatônico" de L.G. falhou mais uma vez. Em sua decadência que recrudesce, o Ocidente continua sendo unidimensional neste aspecto. Jessé Souza, autor da *Introdução a Simmel e a Modernidade*, me inspirou a contra-atacar minha cátedra, pois palpavelmente compartilha de meu ponto de vista.

Até que haja rupturas galopantes da moral ("bons costumes") e da justiça (e respectivos "tribunais imparciais") haverá crescimento de prostituição e elevação de crimes.

Há visivelmente um paralelo que elucida a compreensão da massificação da sujidade feminina, que é a correspondente explosão da criminalidade, sobretudo de crimes periféricos, como é o caso do **roubo de um pote de margarina**. Há crimes brandos e crimes graves; bem como há a prostituta clássica e a fêmea de hoje em dia (uma "**mulher da vida em doses homeopáticas**").

CILA OU CARIBDE

Quando Simmel fala que homicídios eram tributados com módicas multas, subentende-se que *"crimes não eram valorizados em uma sociedade arcaica"*. Essa leitura ocidental despreocupada com a desconstrução de categorias é nefasta, erro crasso. **Matar não era considerado crime,** eis o sensato. **Todo crime tribal é hediondo.** Quem praticar o incesto ou cozinhar um animal-totem será castigado com a *morte*. O crime era *sempre grave*. Mas era *episódico*, não-endêmico, nem estrutural. Hoje um ato ilegal é coibido de maneira mais *macia* – o que não evita a pecha de *marginal* – e sua prática se alastrou bastante.

Hoje, aceita-se muitas **"depravações leves"**, contra o quadro anterior[1] em que poucas ações (ou se se quiser mulheres) eram depravadas, porém estas eram notórias e suportavam a carga apenas entre elas. Houve então uma **"democratização" da vadiagem,** o que está longe de simbolizar o afrouxamento moral.

[1] Sociedades ágrafas, antiguidade e idade média.

O tabu é tão vigoroso que na sala de aula é benquisto ao professor homem disfarçar suas opiniões sobre o assunto. A mulher negará até o último momento ou mesmo não compreende o panorama.

Quanto mais fervilha a economia especulativa, mais se enxergam essas vicissitudes. A questão dos relacionamentos sexuais precoces que serviriam para evitar que o mancebo recorresse a prostitutas antes do casamento é um incidente que não atrapalha a teoria – muito pelo contrário: com a instituição do matrimônio em crise irreversível, sobra má-fama para todas. **Inexiste qualquer pureza de espírito na mulher contemporânea** em sua infinidade de submoldes.

Antes, a fogueira como punição da desonra. Hoje, *cochichos*. Quanto mais dinheiro, maior a força da propriedade. Mais sórdido é o caráter da exclusão social – os status de marginal/trombadinha e mulher que se vende tornam-se insuportáveis. *Acirra-se o contraste.* E ao mesmo tempo é impossível para cada homem não ser ladrão de vez em quando ou para cada mulher não agir feito puta. Isso não sou eu quem inventou: está nas ruas. **Nunca a palavra de** quatro letras foi tão empregada. Na sociedade das prostitutas, a mãe daquela que esqueceu por segundos de ser pudica é fortemente coagida pelo verbo. A proliferação da categoria das fêmeas que rodam a bolsa as está tornando sinônimo do grupo social, mais abrangente, "mulher" – engolindo o sexo feminino tal qual buraco negro. **A castidade passou a ser encarada como mito.** Houve a ampliação descomunal do conceito. O pote de margarina, banal, disseminado, me evoca a não menos freqüente **menina-sabão**. "Menina" que é de nítido caráter inocente, conjugado com o instrumento básico de limpeza nos lares e cuja função é escorregar, de mão em mão se for preciso. A limpeza vira sujeira quando se ensaboa os homens. Estranha palavra híbrida ocidental pós-moderna...

Se nem todas chegam a tanto (ser uma "menina-sabão"), pelo menos se diz que "tem cara de", "se parece com uma", "está agindo feito uma", ou é insinuante em algo, se veste de maneira que provoca. Seja como for, algum pecado a moça tem! Obviamente, ele é produzido pelas *relações de dinheiro*. Certo é que o fenômeno não desapareceu, mas *se fortaleceu*. Quanto mais dinheiro, mais os valores da dignidade humana se degradam.

CILA OU CARIBDE

6 de outubro de 2008

#Política #ativismo #CrisedasDemocracias

A INDIFERENÇA VOTACIONAL E O PROBLEMA DA UNIVERSIDADE (Pública ou outro modelo qualquer)

Ouso afirmar que o dilema do ensino superior no Brasil (Terceiro Mundo)[1] não reside em pontos abordáveis por qualquer campanha partidária e que o jovem que não vota pouco tem a ver com isso: antes, diria que aquele que se compraz em votar *intensifica* o problema!

Apesar da democracia se apresentar como o sistema menos inadequado de gestão do povo – ou de instituições –, sua controvérsia por excelência (eu diria "pouca vergonha") é que *constrange o indivíduo à participação, por uma rede de meios.*

Em uma democracia de último tipo é absolutamente incorruptível o direito do cidadão ao *alheamento*. Vê-se que os *direitos ativos* são prometidos e não mais que parcialmente cumpridos: todos, constitucionalmente, teriam acesso à informação; não é o que acontece. Além disso, **posso questionar o valor da informação em uma sociedade do espetáculo de massa.** Poderia questionar qualquer tipo de serviço do Estado. **Há dúvida em se o esgoto é melhor do que a falta de saneamento.** Em uma grande cidade, certamente é uma bela solução *provisória*; mas o problema dos detalhes hiberna e ressuscita à frente. Paralelamente, posso apontar pequenas povoações em que a ausência de encanamentos representa facilidade de vida e bem-estar, porque o lixo de poucas casas não chega a agredir o meio ambiente. Aliás, povoados mais isolados e

---

[1] Não autorizo a interpretação de que "elogio" sistemas de "Primeiro Mundo" ao fazer desde o primeiro parágrafo uma crítica tão-somente ao "nosso mundo"; mas, como veremos abaixo, ao menos nestes lugares há uma maior qualidade no atendimento de serviços básicos, até para o cidadão que pode contribuir com muito pouco. De qualquer modo, ao avançar em minha argumentação deixo claro que não salvo países, muito pelo contrário: condeno *todos* os Estados.

que não sucumbiram à tara da industrialização não possuem o que se pode chamar de *"lixo"*. Ilustrativamente, o tão danoso plástico é algo industrial. Nenhum indígena poderia "poluir" a natureza, no sentido que nós mesmos criamos para nossas porcarias... Nada essencial para o aborígene fica mil anos em deterioração como uma lata de Coca. E, cá entre nós, quer lugar mais imundo que o subterrâneo citadino? Porém, interrompamos esta última parte da digressão!

Eu me referia ao **direito ao alheamento**: *a priori*, é mais simples de fazê-lo valer do que a demagogia ou falácia da *"benesse para todos"* (os exemplos citados da televisão e jornais e do sistema de esgoto). Isso porque não há dependência econômica, não se lida com recursos escassos. O indivíduo que não incomoda a liberdade do próximo para desfrutar a sua, dando predileção à TV desligada, ao jornal na lixeira (não que o problema do excesso de lixo seja seu!) e à indiferença quanto à prestação de serviços pelo governo (*"eles não recolhem meu lixo, em contrapartida eu não pago impostos"*), é o modelo preciso do cidadão que quer e pode, segundo a lei, *"alienar-se"* do coletivo. Vê-se que, em verdade, apesar de uma ou outra baixa na receita, **gostos voltados para a misantropia são apreciáveis da ótica do Estado**. Basta não o olhar, o dispêndio zero, e a administração quita com suas obrigações para com o sujeito; o sujeito adora esta situação, está de acordo. Há reciprocidade, *mutualidade*. A democracia permite acordos tácitos em que *"ninguém se mexe para não perturbar e não ser perturbado"*. Assim como, não esqueçamos, *jamais veda* o caminho de quem quer participar, custe o que custar. O mundo perfeito!

Não obstante, essa é apenas a descrição normativa básica do paradigma democrático: não se sustenta após observações. O quadro real apresenta incongruências nos dois pólos: o cidadão ativo é submisso ao Estado e dele não recebe *"recompensas"* o suficiente (o que, aliás, produz em muitos a vontade de tornarem-se passivos); o cidadão passivo não consegue *"não agir"*. Disserto aqui sobre este segundo malefício, limitação congênita de democracias até onde as conheço. Em suma, pedimos ao poder central para não participarmos, aceitando as conseqüências (por mais que nos digam que tal atitude é prejudicial, fazemos um balanço interno e consideramo-la uma postura vantajosa!), no entanto a *"máquina"* não aceita nossa escolha. A falha clamorosa é que o Estado declara *respeitar* essa vontade de omissão; mas, na prática, *pune* o omisso (para não falar do ativo). Portanto, **a afronta à liberdade é clara e venho por meio deste manuscrito denunciá-la.** É verdade que esse meu ato se afigura como *"luta ativa"*, mas direciono-o tão-somente ao círculo mais próximo com o intuito de explicitar *os motivos irrefutáveis de minha não-participação nas eleições da UnB*, evidenciando uma crível **superioridade da passividade em relação à atividade.**

a) Findo este PRELÚDIO, adentremos o concreto.

De volta à universidade subdesenvolvida, e votantes e não-votantes, observo que ontem, no campus Darcy Ribeiro, dia 18 de setembro de 2008, no último dia do primeiro turno para eleição do novo reitor, havia uma forte pressão, proveniente dos fiscais ou ativistas das chapas concorrentes (dir-se-ia, antigamente, *"massa de manobra da inteligência"*; dir-se-ia, por estarmos onde estamos, que eles SÃO a *intelligentsia*; mas me recuso – são *ovelhas!*), para quem ainda não havia votado e não demonstrava ímpeto para tal, votar. Uma pressão indevida e onipresente nos corredores do Minhocão: dificilmente se é indulgente ao ponto de vista de que *"alienar-se"* do processo eleitoral é já, em si, uma escolha. Argumenta-se, do lado de lá, que *"sempre é melhor exercer seu voto"*. Eu não compartilho desta tese. Todavia, exceto por esta carta, não tento demover quem pensa diferentemente de mim. Aí está o intenso paroxismo do *"espírito democrático"*.

b) Razões menos abstratas de *"por que não voto"* e da situação periclitante da universidade em relação profunda com a ruína do Ocidente[2] (e com a mediocridade da população, resultado dos impulsos democráticos):

---

[2] Ocidente, neste contexto: modelo desenvolvimentista, mundo moderno, crença no Iluminismo e preponderância do espírito apolíneo na

condução das vidas (Idealismo, a vida fora da vida!).

O problema mais profundo é o SISTEMA ELEITORAL. É o MEIO URBANO. É a SOCIEDADE OCIDENTAL em todos os seus pressupostos. Devo dizer que, enquanto perdurarmos neste modo infecundo de viver, não VOTAREI. NUNCA votarei, pois o correto é não votar. A seguir exponho razões individuais para não ter votado ontem:

- **Meu peso é nulo** – em escala de Brasil, DF, UnB e mesmo em uma sala – geralmente defendo o indefensável para a moral que vigora; penso que se fossem somente eu e mais dois, eu seria provavelmente a minoria. Mas independentemente de uma personalidade avessa à mediania ou não, há total irrelevância do cidadão que vota. Note-se que **eu sou um. Nunca vi uma eleição ser definida por um voto.** Qualquer votante fervoroso sabe que não muda o menor estilhaço do espectro político. Corneteiros, que querem transformar seu voto em cem votos, pelas mãos e cabeças dos outros, são uma figura proibida na eleição politicamente correta (Pois é dela que trato aqui – não preciso citar quem fere as liberdades individuais, quem age por interesses segundos, sempre a serviço de um poderoso, ou do candidato que mexe pauzinhos para se autoeleger... Essas condutas são óbvias, qualquer um as constata, e já demonstram *per se* a falência do ideal democrata... E eu aqui bancando o SALVACIONISTA... Nem deveria discutir com vocês!). Porém, mesmo para a eleição definida por UM voto, sua responsabilidade é nula, acredite. Como alguém poderia dizer *"se eu votasse na legenda adversária, o resultado seria integralmente diferente"*, todos os demais o poderiam! Isso implica que **a responsabilidade é indivivelmente dividida. Não sobra nada. Nunca se é responsável, é a conclusão. A democracia é uma fuga da responsabilidade! Parece que não se vive, é um desperdício votar...** Se ainda não se convenceu, devo explicar o mecanismo *"democrático"* da Universidade de Brasília: o mais votado pelos estudantes/professores/funcionários (e é muito mais sadio pensar que professores escolhem um reitor ao invés de jovens inconseqüentes em curto estágio por estas bandas) não é automaticamente eleito. Na verdade, longe disso. **Mesmo os dois candidatos de segundo turno** podem ficar alijados da cadeira de reitor. As eleições servem apenas para que seja submetida uma **lista tríplice** ao Ministério da Educação, que adotará os próprios critérios. **Anula-se ainda mais um peso individual que tangia ao zero!** Em suma, eu, pelo menos, tenho coisas muito mais terríveis e homéricas com as quais me preocupar – uma delas é o que fazer no domingo eleitoral se não tem futebol na tevê nem se vota para vereador ou prefeito em Brasília...

– **Há obscuridade e interesses vis em cada um dos candidatos.** Pouco pude conhecer destes renomados senhores e seus vices, nas páginas de jornais internos. Mas não só pode haver parcialidade por parte do jornalista como fica clara a **vacuidade de cada programa**. Todos bastante homogêneos entre si, parece ser o detalhe de uma barba grisalha ou de um sorriso ameaçador os fatores decisivos na escolha do aluno. E pelo que pude perceber, **todas as candidaturas eram irregulares!** Panfletagem em locais proibidos e posse de empresas privadas, coisas inconstitucionais... Não se vota em ladrão! O mais grave mesmo é o amontoado de santinhos e filipetas, que poderia ir para o lixão e ser tratado (reciclado), mas que devido ao recomeço da estação de chuvas escorreu em grosso para **os esgotos**, amplificando o problema já tratado mais acima.

– **Uma universidade não pode primar pela democracia, é um lugar para relações hierárquicas.** A universidade não é uma coisa engraçada? O conceito de uma instituição *superior* de ensino em si já muito me assusta, e ainda mais a micro-democracia em algo que exige tamanha verticalidade (**professor x aluno**). Tenho pena de quem panfletou em nome do 70 e alguma coisa... A universidade não tem lugar em meu cardápio de estimas porque está imbricada em uma legião de equívocos: "***mercado de trabalho***", "boletins de desempenho" e "intenso convívio com PADRÕES" são **aviltamentos** indizíveis **à vida!**

Proponho eu a varredura completa. A universidade terá sempre, nestes moldes, um limite baixo de recursos. Os "revolucionários da reitoria" não o desfrutarão: o capital inundará as engenharias. Por mais que seja reconstruído por pessoas diferentes (José Geraldo?), seu sucateamento é inevitável. Vivemos em uma nação herdeira de uma filosofia perfeita de *como tornar almas miseráveis*. A UnB não muda sem que mude primeiro o sistema-mundo. Mas num sistema-mundo transcendido (adequadamente!) inexistem universidades... Não quero melhorar a UnB porque quero destruí-la – eis a minha essência. Sou um verme latente. Uma larva que hiberna antes de amadurecer e inocular seus filhotes nos bebedouros – todos beberão e serão arruinados, se fracos. Haverá também muito veneno do esgoto, este mundo de porcalha próprio dos ocidentais!

2 de outubro de 2008

#Antropologia & Religião
#Sociedade #amor #sexo #Filosofia
#AforismosSábios #estética #Política
#CrisedasDemocracias

FILOSOFIA DO AMOR – Georg Simmel

Diferença marcante entre perspectivismo e relativismo: o relativismo nega uma realidade quando percebe sua contradição; o perspectivismo aceita todas as contradições, adentra a **estética do absurdo**, brinca com os novelos de Ariadne. Um homem cheio de paradoxos: paradoxos são inerentes aos gênios. Mas é mais simples falar, e dividir conceitualmente, do que operar na prática com essas distinções tão decantadas!

Atriz: a prostituta disfarçada: trai em público; usufrui do "meio", do conteúdo da traição, e evoca um novo fim, um fim pudico, o de "fazer-se passar por alguém mais", em nome da arte.

CILA OU CARIBDE

Raiz do casamento: a propagação da espécie – mas, se se casa por amor... e o amor ignora a espécie...

É assim que o pai que deve o dote aprende a amar a filha: perdendo cabeças de gado e alqueires...

O jogo da coquete perdura enquanto se processa a ambigüidade – adora-se um enigma, o homem nasceu para a esfinge. Eis a grande aventura suburbana.

O "requebrar": rosto casto, corpo ardente.

Como se pode dizer sem base no *fenômeno* que alguém *ama* alguém? Nossa sociedade se chama "legista", porém nem isso ela sabe.

Quem disse que a história (do indivíduo) não pode ser realmente recomeçada? Não há um elo perdido. Paixões são estacas zero. E já que a humanidade ainda não existe como real, ou é apenas incipiente...

O amor a deus é algo constrangido. O amor por um sujeito, objeto destacável da totalidade, é *especial*: ninguém foi forçado, o sentimento nasceu espontaneamente...

Nem é preciso repetir que "psicologia sexual" *à la* Freud é coisa de carniceiro – e que a idéia da prevalência do prazer sexual na sociedade é já um sintoma de *décadence*...

O amor é simplesmente a encruzilhada em que altruísmo e egoísmo entrelaçam suas mãos...

No **amor 'platônico'**, *ama-se*. Não se ama *o indivíduo*. Ama-se *a própria idéia de amar*. Se se amar a três mulheres durante toda uma vida, para o homem em questão, elas não farão parte senão de um amor inalcançável no mundo terreno, o mesmo, Cérbero de três faces alternadas.

O **amor cristão** quer abarcar tudo, é um nivelamento patético e mal-intencionado. Não é ainda o amor de Dante, para quem Beatriz fala mais alto... Não deixa de ser cômico que "pecar" fique sujeito a probabilidades estatísticas... Decerto, há cristãos e não-cristãos, mas isso nunca foi nem será definido pela igreja!

Enquanto todo o indivíduo ama, apenas o PÊNIS trabalha no sexo (especialização do "trabalho"). O sexo é um solipsismo, loucura temporária.

Três descrições do beijo: 1) na amizade, afirmação espiritual; 2) no sexo, como sinal de entrega do corpo inteiro; 3) no amor, como beijo e nada mais (igual na música, acordes autossuficientes, que não simbolizam nada, apenas SÃO).

A antecipação do momento feliz é desde já o momento feliz.

O casamento é mais comumente promovido por opostos que se atraem, mas tende a aproximá-los, é auto-degenerativo.

23 de setembro de 2008

#**Antropologia & Religião** #ética #**Filosofia** #AforismosSábios #epistemologia #niilismo

JAMAIS FOMOS MODERNOS

Com o auxílio de um diagrama, Bruno Latour narra como a distinção natural-social mínima entre Hobbes e Boyle foi se dilatando pela dialética filosófica, passando por Kant, Hegel, Kierkegaard e Habermas, até a esquizofrenia pós-moderna, a *"hiper-incomensurabilidade entre sujeito e objeto"* (niilismo científico). No entanto, a noção (regressão contínua e uniforme, esquemática em excesso) é bem contestável!

"Como poderíamos ir mais longe na ausência de tensão entre natureza e sociedade? Seria preciso imaginar alguma *super-hiper-incomensurabilidade*? Os 'pornôs', como dizem os ingleses chiques, são o fim da história, e o mais engraçado é que eles realmente acreditam nisso. E, para deixar bem claro que não são simplórios, fingem comprazer-se deste fim! (...) Vamos deixá-los dormir até o fim do milênio, como quer Baudrillard, e passemos a outra coisa. Ou antes, voltemos atrás. Chega de passar."

"A passagem do sacrifício ao bode expiatório esgota a acusação"

A "semiótica" tão cedo foi um erro na minha vida: aprendi torto. A grade de jornalismo do CEUB, em seu todo, não é simplesmente algo que deixe a desejar: é essencialmente abominável! Como dito no ensaio, formam-se imagens horríveis da realidade, aliás como se ela não passasse de reflexos, ou seja, imagens, chegando ao cúmulo da sociedade do espetáculo do suicida trágico Guy Debord. Faltava uma formação clássica, platônica, para edificar o aluno de humanas.

> *"O único mito puro é a idéia de uma ciência purificada de qualquer mito"*
> Sèrres

"Chega de chorar sobre o desencanto do mundo!"

A democracia total/objetal de Latour é o mesmo que **anti-democracia**, no sentido atual, pois volta-se a *hierarquizar os homens:* os incapazes de perceber que os objetos têm história e que os ciclos econômicos e a inércia do progresso estão *fora* da vida e são uma desonra à condição humana são relegados ao *Chandala,* degrau inferior da sociedade, efetuando-se assim uma transmutação de todos os valores em que homens fortes e a natureza são os glorificados. O homem atinge o estágio do autogoverno *de facto,* a vida mais alta e nobre possível.

13 de setembro de 2008

#Política #EngenhariaConstitucional #revolução

A AUTOGESTÃO IUGOSLAVA – Bertino Nóbrega Queiroz

O que se evoca na autogestão é o que Marx (ou Trotsky?) havia chamado de "revolução perpétua". O ano do rompimento com Stalin é 1948. Herdeira legítima da Comuna de Paris (apontada por Marx como um exemplo vivo da Ditadura do Proletariado). Por boa parte da era moderna uma colônia turca, o país eslavo sofre uma revolução comunista nos anos 1920, depois volta a ter um rei e na década de 30 é assediada pelos interesses expansionistas da aliança Hitler-Mussolini. O país, então, se "auto-libertou" da invasão nazi, sem que os Vermelhos houvessem sido os protagonistas na reconstrução de sua soberania. Diante, porém, do estado de ruína econômica, os guerrilheiros cedem à burocracia stalinista (1945). *Após a decisão do rompimento, 3 anos depois, sem o apoio do ocidente capitalista nem do bloco soviético, como seria a vida na Iugoslávia?*

27/07/50: um decreto-lei do Estado que se auto-enxugava fenomenalmente, em prol dos trabalhadores. Creio ser um evento singular na História. Houve de um golpe só a abolição de 100 mil cargos.

Após 3 anos desta lei, a autogestão vai bem, e ainda se encontra em expansão. 1958: **programa da Liga** prevê a **extinção do Estado**.

1974-82: parece ser o auge do movimento. O estalo inicial desse "hiato duradouro" foi uma Carta de 406 artigos. Rara instância de correspondência teórico-prática na política.

Diferentemente da democracia, o eleitorado pode demitir o delegado a qualquer instante. E uma vez sendo "político" (o representante de trabalhadores-cidadãos), ele não viverá *da* política, continuará trabalhando ou fazendo o que fazia normalmente. Voto secreto. Inexistia reeleição. E mesmo o mandato integral era muito curto.

Por considerar o marxismo ainda um dogma e imposição autoritária (ou seja, situado num espectro muito liberal, tendendo à centro-direita!), Milovan Djilas, potencial sucessor do presidente Tito, foi excomungado da Liga. Continuou vivendo em seu país como dissidente.

A porcentagem de burocratas ia se ampliando, em contraste com a decadência numérica do proletariado, o que enfraquecia, de modo palpável, toda a intenção esboçada inicialmente. Aqueles que eram demitidos dos cargos respondiam "especializando-se", como parasitas ou vampiros, cada vez mais, no ramo político, mesmo que extra-constitucionalmente.

WEBER *FROM THE ASHES*: E mesmo no auge da sovietização, houve o surgimento de uma classe média emanada dos quadros técnicos, com membros muito competitivos entre si. Se não há, neste caso, um Stalin materializado, é porque este se encontra diluído nos corações dos homens.

1990: renúncia pacífica do Partido Comunista Iugoslavo do poder.

1991: Croácia e Eslovênia, partes do território, declaram a independência ("democracias" capitalistas).

1992-3: estoura a guerra civil e a ONU assiste de braços cruzados.

1999: separação de Kosovo. A OTAN bombardeia a Iugoslávia.

10 de setembro de 2008

#**Política** #CrisedasDemocracias #EngenhariaConstitucional

CONSTITUIÇÕES AO REDOR DO MUNDO SEGUNDO SARTORI

(*P.S. 2021*) Em verde, o que envelheceu bastante mal. Em vermelho, o que segue válido e relevante.

Para Sartori, nem o implante do modelo europeu é suficiente no **Brasil**. Aqui, há de haver uma "solução extrema" contra o mal da atomização partidária, que seria o *presidencialismo alternado ou intermitente (um degrau acima do semipresidencialismo)*: enquanto o Parlamento estiver bem-organizado, ele governa; quando começar a "engasgar" (como um motor de *Flex Fuel*), a nova ignição, provisória, será ativada pela figura presidencial, *um bombeiro que conterá as pressões e as chamas políticas até a reassunção do senado e da câmara*. [De 2019 ao dia de hoje, 17/03/2022, temos visto o contrário perfeito: um não-Executivo e um Congresso – já de *per se* degenerado e sempre ambíguo, interesseiro em idas e vindas em suas relações com o não-governo que não ajudam em nada a combater os problemas mais urgentes dos pobres – + Judiciário tendo de conter a sangria como podem.] (...) Sartori declara: antes um governo que nada faz do que um que é muito ativo e prejudicial ao próprio país. [Agora sim acertou na lata!]

Na minha opinião, essa intermitência iria funcionar tanto quanto o parlamentarismo puro: não há um pingo sequer de preparo cultural para tal situação; só haveria um adensamento da crise de valores políticos e institucionais em suas legendas-nada e o próprio presidente seria uma figura *ainda mais controversa*. [Em 2008 eu já cantara a nota! Mas nunca pude imaginar algo tão vil!]

Em suma, Sartori, europeu, muito conhece sobre as constituições européias, mas se perde quando analisa o Novo Mundo. Parece até que ele tenta fazer uma receita de bolo ao vivo jamais testada na TV. Parece ou é isso mesmo.

A verdade é que os ditos "parlamentos avançados" são tão ineficazes quanto nossa figura presidencialista autoritária para levar reformas adiante.

Crítica ao bicameralismo: se as duas casas são semelhantes, não há razão de ser delas em separado; se são razoavelmente distintas, é dizer que há assimetria de poder e esse conjunto tem boa probabilidade de funcionar mal. Então, por que não unificá-las? **Dado importante que não se deve olvidar, entretanto:** em *federações* é essencial a bicameralidade, pois uma casa representa a *unidade dos estados em um* e a outra a *relativa autonomia dos estados-membros* (EUA, Brasil). Ou seja: a crítica acima se referiria mais à situação inglesa de câmara dos lordes x câmara dos comuns, p.ex..

- Vovó, pra que essas leis tão grandes?
- É pra triturar com mais justiça os administrados, minha neta!

31 de agosto de 2008

#**Antropologia** & **Religião** #alteridade #ética #**Sociedade** #decadência

A CALAMIDADE INVISÍVEL NO PILOTIS: Uma etnografia de um condomínio típico de classe média

a) Transcrição:

"ATA DA 59ª ASSEMBLÉIA GERAL EXTRAORDINÁRIA DO CONDOMÍNIO DO BLOCO 'J' DA SQN 308, REALIZADA NO DIA 20 de agosto de 2008

Aos 20 dias do mês de agosto de 2008, às vinte e trinta horas, em segunda e última chamada, no escritório do BLOCO 'J' da SQN 308, foi realizada a 59ª Assembléia Geral Extraordinária para deliberar sobre os seguintes assuntos: I- Leitura e aprovação da ata anterior; II- Deliberação sobre o requerimento do Morador do apartamento *** (retirada das grades que bloqueiam a entrada da área de serviço, pelas escadas, e das fechaduras que bloqueiam a porta externa dos elevadores do 6º andar) e OBSERVÂNCIA DO ARTIGO 7º E 8º DA CONVENÇÃO DO CONDOMÍNIO E ARTIGOS 4º E 5º E SEUS INCISOS, DO REGIMENTO INTERNO DO CONDOMÍNIO; III- Assuntos Gerais. Compareceram à Assembléia os condôminos dos aptos 103, 104, 105, 106, 107, 108, 205, 206, 306, 503, 505, 603, 605, 607 e 608 que firmaram o livro de presença. Ao declarar aberta a Assembléia, o Sr. L.T. (apart. ***) se apresentou para presidir e convidou a mim, S.M. (apart.***), para secretariar a referida assembléia. Iniciados os trabalhos, o Morador do apartamento *** solicitou a palavra para questionar a necessidade da presente reunião, tendo em vista que o pleito de seu vizinho (Morador do apartamento ***) já havia sido atendido (retirada das grades) de forma consensual. O presidente salientou que o motivo para a realização da reunião não se restringia à retirada das grades, mas também em razão do respeito e do cumprimento das normas constantes da Convenção e do Regimento Interno do Condomínio que deveriam ser exortados naquela reunião, bem como pelo fato do Morador do apartamento *** não haver manifestado o desinteresse pela reunião. Consultado o referido morador, este reiterou seu interesse pela assembléia. Dando continuidade à reunião o presidente da mesa perguntou se todos haviam lido a ata anterior, sendo dispensada a sua leitura no momento com a aprovação da mesma. Feita a leitura do edital de convocação pelo presidente da mesa, logo iniciou a discussão sobre a retirada das grades existentes no condomínio que obstruem o acesso da área de serviço pelas escadas. O Morador do apartamento *** apresentou suas justificativas pela manutenção das grades até dias atrás. A Moradora do apartamento *** solicitou a palavra para justificar a necessidade das grades em razão da segurança que estas lhes proporcionam. Apresentados os motivos legais (Lei nº 4.591/64 e Código Civil/2002) e normativos (Convenção do Condomínio) que proíbem a manutenção das mesmas, foi requerida, pelo Morador do apartamento ***, a votação nominal do pedido de retirada das grades, justificando que tal procedimento traria maior legitimidade à decisão. O presidente da assembléia consentiu ao pedido, esclarecendo que o resultado não mudaria a solução a ser tomada, uma vez que qualquer decisão contrária estaria infringindo a lei, bem como, para que se aprovasse tal medida (manutenção das grades) seriam necessários os votos de 2/3 dos moradores do bloco, pois importaria em modificação da Convenção. Iniciada a votação, os moradores dos apartamentos ***, ***, *** e *** manifestaram-se a favor da manutenção das grades e os moradores dos apartamentos ***, ***, ***, ***, ***, ***, ***, ***, ***, ***, *** e *** aprovaram a retirada imediata das grades. Com o resultado, a moradora do apartamento *** solicitou prazo para retirada das grades para, primeiro, fixar uma grade em sua porta. A assembléia consentiu ao pedido fixando-lhe o prazo de 15 dias para tal procedimento. Dando continuidade à discussão do item 2 do edital – retirada de fechadura das portas dos elevadores do 6º andar, da prumada 07/08 –, a assembléia fixou idêntico prazo aos moradores daquela prumada para efetuar a retirada das mencionadas fechaduras, bem como de proceder aos reparos nas portas dos elevadores, fechando os buracos que por ventura (sic) ficarem no local. Em seguida passou-se à discussão do item III – Assuntos Gerais, em relação ao fato registrado pelo Morador do apartamento ***, comunicando a existência de sistema de circuito interno instalado pelo Morador do apartamento ***. O presidente fez lembrar que qualquer obra na área comum deve ser solicitada à Assembléia Geral de acordo com o artigo 7º da Convenção do Condomínio. O Morador do apartamento *** afirmou que a colocação do sistema foi realizada com o consentimento do vizinho de porta. O presidente fez observar que, apesar de haver consentimento do vizinho de porta à época, tal consentimento não afasta a necessidade de autorização da assembléia para tal obra. Assim, não havendo tal autorização a assembléia fixou o prazo de 15 dias para a retirada do equipamento, dando por notificado o mencionado morador naquela assentada. O morador do apartamento *** não aceitou ser notificado naquele momento, exigindo notificação por escrito. A assembléia, para evitar maiores celeumas, determinou que a notificação fosse efetuada por escrito pela Síndica, mantendo o prazo assinalado para retirada do equipamento, esclarecendo, desde já, ao Morador do apartamento ***, que o descumprimento da determinação importará em multa prevista na Convenção e Regimento Interno, bem como, se necessário, a adoção das medidas judiciais cabíveis e previstas na Convenção do Condomínio.[1] **Dando continuidade à assembléia, o presidente efetuou a leitura de correspondência entregue pelo Morador do apartamento ***, determinando que a mesma seja anexada ao livro de ocorrência para adoção de medidas administrativas que forem cabíveis, se necessário. Dada a palavra aos moradores presentes foi exortada por todos os presentes a necessidade de exercitarmos a relação da boa vizinhança, convivência e do respeito mútuo. Suscitado o problema dos espaços utilizados para estacionamento das motos na garagem foi, por unanimidade, aprovado que a discussão seja remetida para assembléia ordinária, na qual será apontado, após estudos pela Administração do Condomínio, Conselho Fiscal e Comissão de Obras, se há ou não espaço físico para estacionamento exclusivo de motos, bem como a manutenção ou não da locação e uso dos espaços destinados à área de movimentação do corpo de bombeiros. Estendida a palavra aos moradores, foram relatadas queixas quanto à manutenção da limpeza do prédio, sendo querida (sic) à Síndica que providenciasse, junto aos empregados do Condomínio, maior zelo em relação à limpeza dos jardins, garagem e demais dependências internas do prédio; foi questionado o alcance do sistema do circuito interno que cuida do estacionamento externo do prédio, pois não filmou toda a ação dos marginais que realizaram o furto de bens existentes no interior do veículo de morador do prédio, estacionado ao longo do meio-fio da calçada, ao que foi aprovada a realização de estudo e levantamento das necessidades para atualização e ampliação do sistema de segurança do condomínio para cobrir as áreas 'cegas' do estacionamento externo do prédio; questionou-se a necessidade de reavaliar a manutenção do sistema atual de contratação direta de pessoal para limpeza e segurança ou substituição do pessoal existente por empresa especializada em conservação, limpeza e segurança de condomínio, ao que foi determinado que a Síndica realizasse uma tomada de preço, devendo apresentá-la na próxima assembléia; a Moradora do apartamento**

*** apontou problemas com os ninhos de morcegos na estrutura do prédio, em particular na altura de sua janela, na junta de dilatação, ao que foi determinado que a Síndica realizasse tomada de preço para obra de fechamento das frestas em que se acomodam os morcegos; **foi comunicado ainda que há moradores jogando comida pela janela, com o intuito de alimentar pombos, mas que tem atraído ratos aos jardins do prédio,** ao que foi determinado que a Síndica efetuasse o fechamento dos buracos utilizados pelos ratos como ninho e que tomasse outras medidas necessárias para eliminação desses roedores. Nada mais havendo a tratar, o Sr. Presidente deu por encerrada a reunião, agradecendo a presença de todos e solicitou que eu (sic) S.M. – Síndica lavrasse a presente ata que vai assinada por mim e pelo Presidente."

[1] *(P.S. 2021)* Eu conheço a família em questão e o "cidadão de bem" chefe da mesma. Devo aqui relatar que poucos meses depois a família se mudou (para outro condomínio mais privativo e luxuoso), motivada, principalmente, pelas conseqüências dos fatos expostos – mais reais que o rei, queriam que a Lei fosse *para* eles, sentindo-se moralmente humilhados pelos 'legalistas' do condomínio...

b) Comentários:

Que peça de direito espúria! (E qual não o é?) O que é isso? "Morador"? Letra maiúscula e obtusa falsificação de um nome próprio! OBSERVÂNCIA DO (...), *caps lock* para promover o policiamento, mania de tiranizar as pessoas. Como se estivesse inscrito no código genético deles (e bastasse lembrar!), e como se houvesse educação e ar polido na frase, havendo, na verdade, porque se é impessoal, e sendo impessoal não há confrontos! Teme-se o confronto direto! Mas o pedido de se observar essa ou aquela lei é certo. Pedido ou ordem, só que suavizada em papel, embora não se o deixe esquecer, pela letra de fôrma. São todos recursos que nos deixam pasmos: **a burocracia se estende a cada diminuta e reles guarita condominial de quase-ricos! Transpira à colonização portuguesa. Nada mudou...**

Eu nem sabia que podem, de repente, deliberar meu destino em reuniões nas quais só compareçem cinqüentões! E não há, tampouco, o interesse desses senhores de que jovens se imiscuam em seus negócios, como lamentamos e tememos o fato de que no futuro poderemos ser nós, a perder horas preciosas com uma desfaçatez de mundo antigo, de democracia grega, da qual na realidade não sobrou pedra sobre pedra – lidamos com obtusos!

15 apartamentos em 48: belo público! **Assim se discute o bem comum!** Mas o mais cômico é que há apenas dois nomes [que vedei, deixando constar apenas as iniciais do nome próprio e do primeiro sobrenome], duas pessoas, em toda essa peça, essa tergiversação legalista que apenas discorre sobre **o engessamento de vidas em cubículos** ao invés de mostrar qualquer sinal de que algo se movimenta e que nesse movimento não há decadência. Dá até para pensar que o documento foi parido por um **escrivão-chocadeira**, um ente mecânico qualquer. Em tempo: sou do 507[1] e meus pais preferiram passear do que ir à reunião. Às quartas-feiras, ademais, muitas famílias estão comendo pizza e vendo seus jogos de futebol.

[1] *(P.S. 2021)* Não moro mais no Bloco J da SQN 308! Espero que ter deixado intacto o endereço do qual procedeu a ata não "desonre" este nobre condomínio – na hipótese pouco provável de que meu livro se torne conhecido e cause escândalo. Mas meu profissionalismo requer que, conquanto deva-se respeitar a privacidade dos elementos em *estudo* (além da privação dos dois nomes, os asteriscos nos apartamentos envolvidos em querelas, embora não haja nenhum mal em expor quais 'apartamentos' estavam presentes de modo geral), a etnografia seja o mais transparente possível. Poderiam me acusar de ser um ficcionista que se passa por etnógrafo ou jornalista investigativo – não, não; essa ata existe, não é obra da minha fértil imaginação!

O "espírito cívico" destes nobres cidadãos é tão elevado que a figura mais interessada (Homem, mulher? Em que quantidade?), **o apartamento ***, quis que não houvesse reunião**. Tinha mais o que fazer! E é aí que entramos:

Problema 1: Grades dentro de outras grades (subjetivas e objetivas!) – Mora-se no cerne de várias "fortalezas", prédios insossos uniformizados por Niemeyer, quadradões. É-se seguro. A falta de segurança propalada é decorrente apenas do contraste, já que dentro de mil celas ninguém aparece e, se um pedinte o aborda na rua, vai aparentar uma *infração gravíssima*. Perda de noção da realidade. Mora-se no último andar de um apartamento já num setor mórbido da entrequadra, sem muito barulho ou acontecimentos. Adicione a isso o fato de enfrentar-se o ciclo medonho casa-trabalho-mercado-casa, sem cessar, estacionando a caminhonete na garagem e desconhecendo mesmo a sombra de uma árvore. Ar-condicionado é com o que uma pessoa assim mais está à vontade! E ainda se enjaula ACIMA da lei. O que é um feito notável: vide que a lei praticamente *nos obriga* ao confinamento, e as pessoas providenciam, sabe-se lá como, exceções para que consigam um *meta-confinamento, uma supra-prisão!* Passam por cima de qualquer direito de qualquer outro em meio a isso, como se vê (instalação arbitrária das GRADES). E, cá entre nós, a grade ali evitaria uma obediência irrestrita a um **"marginal"** caso este estivesse armado? Logo mais veremos a "natureza de cagão" desse tipo de pessoa (o morador, não o ladrão!), no **tópico 6**. Espessura do ferro considerável, porém muitas brechas entre suas várias linhas horizontais e verticais... Uma bala passa! O principal: se era medida ilegal, porque ocupou metade do tempo (ao que parece) das "deliberações" (palavreado chique)? E por que ainda houve votação, se só um punhado de carolas vociferava pelo direito de as ter em suas residências? – lembrando-se do paradoxo... **Estes que latem em nome da Constituição e de sua liberdade positiva, negativa ou lá o que seja (sempre em prol do próprio pecúlio e que se dane a pimenta nas vistas terceiras!) são os primeiros a infringir os dispositivos legais.** Típico do amesquinhamento do homem, da sua mediocrização em série. Instinto de rebanho, síndrome de pessoas. Não vive o perigo. Não vive. E o que é o perigo? Ser roubado? Ganha-se o suficiente para repor qualquer objeto furtado. Segurança dos filhos? Estes já estão empiricamente mortos, uma vez que seguem os passos dos pais em anular a própria existência com planos idiotas e contrários à própria satisfação do organismo, a – afinal! – unidade da vida! Vontade de ser prisioneiro, vontade de existir em vão! Última observação: a Moradora do *** (letra maiúscula: os seres-bingo!) fez bem: ENCOLHEU A PRÓPRIA prisão – assim fico eu mais livre de qualquer contágio das ovelhas...

Problema 2: Aliás é sobre a nomenclatura "marginal" que me concentro agora! Marginal: trata-se tão-somente do não-idiota. O sujeito que vive a vida. Blinda-se-o de qualquer verossimilhança com estas pessoas que freqüentam a reunião, mas eu diria que – havendo separação abismal entre elas – a defasagem seria vantajosa para o "criminoso": todo praticante de infrações é digno de dizer-se "homem fibroso". E mais: **todos são imorais embora não o confessem!** Preferem o véu da moralidade. Digam-me o que pensam fazer de mim ao ler minha análise? Pensamentos são ações!

Problema 3: O estranhamento do convívio com animais! O que é o morcego senão um *primo* nosso, um *companheiro na aventura pela noite enigmática*! Volto a considerar a esquizofrenia a ruína da alquebrada civilização ocidental-tupiniquim.

Problema 4: Ao invés de *"exercitarmos a relação da boa vizinhança, convivência e do respeito mútuo"*, assim, via decreto, dissimuladamente, espirituais condôminos, **que tal explodir a garagem?** O "carro-alcoolismo" de vocês é a fonte de 98% dos males não-obstáveis da ata da reunião enquanto não se atacar a discórdia pela raiz – soluções superficiais, paliativos, barrigadas? Parece-me a relação capitalismo-meio-ambiente! Reitero que não existirá espírito solidário entre mandatários de clubes do bolinha ou do condomínio enquanto seres humanos, quando não estiverem em casa, no trabalho ou no supermercado 24h mais próximo (onde o segurança espanca os "marginais"!) se encontrarem **dentro de um automóvel, surdos ao mundo, envoltos por vidros "fumê"...** Cegos não são alguns pontos do circuito de câmeras, mas vocês!

Problema 5: "Bem como", "por ventura" (sic II)... Jargões do direito que, imensamente repetidos, não passam de analfabetismo e pobreza. Ah, Machado, veja a perversão do seu realismo!

Problema 6: O mais humilhante, embora não para mim: o apartamento ***, nitidamente o maior criador de caso dessa instância administrativa chamada "vizinhança da minha casa", digo, seus MEMBROS, **gostam de se verem cagando em terceira pessoa.** Deve ser tudo que sua miríade de câmeras P&B consegue proporcionar. Notemos que eles pretendiam manter grade-e-filmadoras! Indubitavelmente não corro riscos ao publicar isto na Internet: seu alheamento à REALIDADE está em tão recrudescido grau que **cogito se já não compraram passagens para o reino do nada ou se não procuraram, de repente, imitar Kant, trancando-se num** *bunker* **repleto de comida, livros e filmezinhos...** A vida é preciosa, e até plantas têm ciência disso! Paquidermes!!

Problema 7: Quando o desemprego não afeta as peles dos "bem-resguardados" (agora um pouco menos, não é verdade!??!) não é sequer citado como problema. A demissão ou não do atual corpo de porteiros depende de uma mera convenção sobre tabelas de preços ou contentamento ou descontentamento com o regamento das flores! **A vida desse pessoal que labuta, vindo cedo da rodoviária, é uma problemática terciária.** Talvez lembrem deles quando o lixo orgânico passou um dia sem ser recolhido – e aqui se recolhe o lixo, coisa que outros moradores em outros *pilotis* precisam fazer por conta própria, até as lixeiras do centro da quadra! Aliás, seria saudável, já que os senhores só usam as pernas para acelerar e frear naquelas máquinas imundas...

(P.S. 2021) Um passarinho me contou que se arrependeram muito da terceirização de funcionários que fizeram... Quem diria, o antes *ineficiente* Seu Zé que dormia na portaria, mas que conhecia todo mundo pelo nome, foi substituído por um sujeito anônimo bem-vestido e bem-apessoado, mas que não reconhecia mais os rostos dos moradores e – pasme! – mostrava-se eficientíssimo... para roubar coisas como mercadorias entregues pelos correios a determinados moradores! Hmm...

Nossa vida cotidiana brasiliense está rachada. Requer-se a imediata ruína de tudo ou, ao menos, a mais branda passagem de bastão – gente velha será tão surda a mim quanto o é nos sinais (e seus filhos já aprenderam muito bem que gente em farrapos é lixo ambulante). Porém, nós, os reflexos do mimo intenso e irrestrito, não disporemos de dinheiro que nos permita manter essa existência luxuosa. Quantos advogadinhos sem-emprego terão que se umdar para a Candangolândia! Finalmente respirarão oxigênio! Brindo-vos, senhores! Vamos todos juntos, viver a vida intensamente...

Assinado, Homem da Periferia

* * *

#Filosofia #decadência #marxismo #Nietzsche #Prosa Não-ficcional #loucura #megalomania

TRANSCENDER-5
VONTADE DE POTÊNCIA VOLUME II: Um complemento de leitura

(...)

Choro, mas afirmo a vida acima de tudo. Sou o contingente da predeterminação, o predeterminado, necessário, inevitável, das aleatoriedades. Megalomaníaco, se quiser. Os últimos fatos me vieram relatar que todo personagem, todo grande personagem histórico, se repete uma vez. Eu sou outro preâmbulo do novo-homem, desta vez na encruzilhada de outros dois séculos. Talvez farsesco ou para sempre anônimo. Mas isso não tira os meus méritos...

Dizer que eu não sou só eu muito me fortalece! Eu sou um universo, uma vontade própria que varre e que ensurdece, que rompe e atesta vigor num espaço grande e indispensável, comparado com seja lá o quê. Nisso está o plausível amor à rivalidade! Luta e vitória! Derrotas, se quero vitórias, viva!

(...)

Elementos como eu proliferam nas cidades – estes covis da debilidade, onde não se sabe o que é lei natural, homem ou vontade de potência. A esquizofrenia de uma sociedade que se olha para si entendendo a própria fragmentariedade de modo passivo é um dos últimos estágios na demanda pela transvaloração. Se a história de todas as histórias é o enredo dos imemoriais escravos buscando a redenção, a superação dos inimigos, tempo mítico chegou em que a torpeza da moral burguesa sofrerá o golpe letal.

DESCENDÊNCIA E ATESTADO DE LOUCURA

Reflexão solta – é meu pai como o pai de Nietzsche? Ligado a tempos tradicionais e a mim oposto, se bem que afável? É preciso crer que sou um Messias. E os Messias provêm de lugares inauditos – do seio tipicamente decadente-burguês. O holocausto desta civilização é justamente o germe da próxima – e que transvaloração seria exeqüível sem um tanto de megalomania? Assumo-me um louco: somente alguém com essa tipificação clínica na sociedade atual poderia se propor a superá-la: não porque esta seja insuperável, apenas que é preciso ser louco pelos parâmetros desta falsa ciência que está aí para se aperceber da vida! Causa-me tédio ver como os marxistas (e muitos outros, mas escolhi um termo bem próprio ao alienismo!) rechaçariam minha dialética trágica com um boletim burguês (meu exame de sanidade mental) ao mesmo tempo que me ofereceriam um assento em sua sociedade de iguais!

Quando se fala que Deus morreu e o Muro de Berlim caiu, eis uma dupla morte de totens dos inferiores. Mas nossa sociedade não é menos opressiva que a soviética: apenas que somos regidos de maneira descentralizada, de alto engodo.

Lembram que o blog nasceu há três anos tentando responder à pergunta "QUAL É O MELHOR SISTEMA POLÍTICO-ECONÔMICO?".

Finalmente estou pronto para uma resposta adequada: é a AURORA de Nietzsche, uma sociedade de castas em que a Chandala sejam os sacerdotes, e em que o zênite seja composto dos imoralistas.

Blanqui e Le Bon – quem são esses fortuitos "asseclas contemporâneos" do eterno retorno? [*Acrescentado em algum momento indeterminado, antes da edição do livro:* Um socialista de casta e um ultra-reacionário revolucionário na psicologia, na sociologia e na física!]

Jamais poderei esquecer minha pretensão cristã de culpar a totalidade, diante do quê Marco Antônio, professor de semiótica (um grito de desespero do homem afogado, esta "ciência"), retorque: *"E então... Doravante é necessária ainda mais responsabilidade..."* ou então: *"Muito bem! Agora, diante disso, aumenta sua responsabilidade!".* Aí está: a "gênese do mal" não existe, como não existe o mal. O Devir é inocente. Meus pais são inocentes e eu por minha vez sou. Não existe uma causa; mas se posso crer que é um prêmio... Uma autocelebração do Devir, e minha, que vem e aparece tão-somente para dizer em uníssono – porque eu sou ele, e ele sou eu, somos o que passa e esse é um momento célere, de auge, de cume, de festa (eu cunhei o nome e o conceito, para dizer que os cunhei) – QUÃO BELA É A VIDA!

A LÓGICA CARTESIANA, EINSTEIN, HAWKING, PLATÃO: O porquê da incondicionalidade do devir e da impossibilidade da verdade

Trecho pp. 233-238: como se refuta a intensa "fé na verdade" de Descartes. Lembrar que a humanidade que cresce e afirma uma verdade a dado ponto não é mais que, analogicamente, uma criança que adquire a potência suficiente para sistematizar seus julgamentos. Isso não é dizer que ela atingiu qualquer julgamento absoluto, e o mesmo para a humanidade! Tudo remete a categorias de simplificação da realidade! Lembrar que assim como a criança que se torna um jovem que reflete e que não pode por isso relatar, por mais experiências que faça, a história do universo até antes de si;

bem assim temos o caso da espécie humana subitamente em posição reflexiva diante do universo no qual se encontra desde um momento sobre o qual jamais obtém qualquer certeza. Seria petulância, outrossim, depositar em René toda a chance de "ter-se descoberto" o absoluto. O absoluto é simplesmente a idéia, a negação do mundo real em prol de um suposto mundo-verdade. É interessante rememorar, inclusive, que a própria idéia sempre precisa do devir para se cristalizar. A cristalização, a tipificação em torno de duas ou mais dimensões, de algo que faça sentido, que seja mais que nada, inevitavelmente se escora no espaço e no tempo, espaço-tempo, uma coisa só, não se altera um sem alterar o outro. Implica, afinal, na confirmação do devir e na ausência de coisas-em-si e do ser – e também do nada. Cientistas ainda hoje têm dificuldade de digestão no assunto: referem-se ao *big bang* como "singularidade, fuga das leis da Física", seja esta, aliás, a Clássica ou a quântica. Basta a apreciação de um filme, no entanto, para compreender (tela, superfície bidimensional; relógio, passagem das cenas). Mas mesmo um pônei rosa estático ou a idéia de uma criatura todo-poderosa só podem ser expressos no devir. Estranho é um absoluto dependente!

O homem só pode ser a medida do homem – jamais de outros valores. A mosca também se crê, como já mencionado, o eixo central do universo. Há que se pensar que nossa vida sendo eterna na temporalidade é o suficiente – chega de idealizar –– materializemos! Quem idealiza é sempre insuficiente. Ademais, esse espaço de vida que temos é bastante para bastantes criações. Ainda que normalmente o eterno retorno não seja apreendido antes dos 20 anos, restam muitos para se sentir imortal. E o supremo consolo: quantos homens não morreram crendo no mundo-verdade? Não pode ser eterno aquele que não se cria eterno! Tenho mais de 40 anos de criações pela frente! *(P.S. 2019)* Agora pouco mais de 30, quiçá! Pulmões ligeiramente mais **enegrecidos**... Saúde mental, por outro lado, mais em dia!

Nietzsche foi o mais fenomenal definidor do mundo! Dissolveu-o e fundou outro no lugar.

(...)

Não há a oposição entre um tempo perene, o dos ciclos, e o tempo uno, que vivo agora, linear e incorrigível: é um só, se bem que um, dois, oito ou infinitos... isto também é convenção.

(...)

O erro humano: tem uma visão panorâmica do que já passou e uma visão estreita e particularista de si. Os dinossauros se julgavam o "fim", o equilíbrio da natureza (desaceleração da percepção evolutiva)! Daí a analogia no meu longínquo seminário a respeito da humanidade de um minuto em um dia de cosmo. A propósito, até o que disse da inversão de Schopenhauer estava certo.

Se o autor tem repulsa por tudo o que é cristão, e o mundo hoje é quase todo cristão, ele encerra em si muito de niilista passivo, vontade do nada. É necessário ir além e empregar uma de suas ferramentas: implodir os dualismos. Exemplo: paganismo/cristianismo. Se quisermos ser animais, nosso totem é um borrão entre deus e nosso sentido da visão. O que deve existir é a aprovação de que se pense e de que se tenha idéias – cristalizações –, contanto que cientes do devir (sirvam ao devir).

[TOUCHÉ (DE DOIS LADOS):] Nietzsche é platônico num senso: pode-se considerar sua Filosofia a elaboração de um mundo-verdade. Sucede-se que esse mundo-verdade é precisamente o espelho deste mundo!

(...)

O que não bate em F.N.: sua descrição da emergência de uma nova raça, de potência crescente, mais elevada, e a simultânea afirmação de que "não devemos nos querer melhores".

Pp. 258-262: A mecânica do devir. Seu livro é o tratado do mundo fluido. É uma cristalização impossível do devir! São águas. É eterno e verdadeiro. Demole todas as concepções, até as próprias. É um apanhado de tudo o que a Filosofia já discutiu.

Pp. 264-265: (...) Chamo de "Paradoxo de *Majin Boo*" essa aquisição suprema de potência, o ter o inimigo e com quem lutar, não ser *toda* a potência. FISIOLOGIA PERFEITA.

Minha principal preocupação: como professor e esbanjando superioridade, como deveria alimentar minha vontade de potência? Fora de sala? Instigando o rebanho? A quê? "Neguem-me, é o que peço"? Um grito de desesperado? Inimizades nas salas dos professores (ideológicas)... Não sei, não, acho que vou acabar debaixo da ponte... Eu devo ser meu rival! Até o fim...

(...)

Um terrível (apenas grande, mas que confunde os estultos) PARADOXO: ao negar o átomo, a coisa-em-si, o próprio sujeito, Nietzsche é o próprio retorno à natureza, portanto REAL. Latour e seu esquema de "abertura incomensurável da esquizofrenia e perda de noção entre sujeito e objeto" não me saem da cabeça. Os existencialistas absolutamente não entenderam o recado!

(...)

Bendigo-me!

23 de agosto de 2008

#Política #revolução

TRANSCENDER-4
O ANTIGO REGIME & A REVOLUÇÃO –
Tocqueville

4 NOTAS INICIAIS

1) Por que o desejo de igualdade francês é algo que enfraquece seu povo
Tocqueville é um aristocrata nacionalista defensor até as últimas conseqüências do direito à liberdade; no que não vejo contradição: sucede-se que a França é um país tradicionalmente déspota cujo segredo de conservação é o apelo à igualdade que obscurece o homem como um todo, justamente porque apaga as individualidades, esquecendo-se de que o livre-arbítrio é o principal requisito para o êxito de uma nação. O autor é um nobre orgulhoso que enxerga na capacidade de auto-crítica da classe a chave para o enriquecimento de um povo digno – o despotismo é apenas uma forma dos aristocratas enfraquecerem-se a si mesmos, porque súditos engessados implicam em majestades catastróficas. A raiz da redenção está no reconhecimento dos sangue-azul de que seu tempo já passou, e que não compreendê-lo ou respeitá-lo aceleraria a própria derrocada. Uma sociedade com mais liberdade é, sim, a mais igual; mas a liberdade (genuína) deve vir antes; antes da liberdade forçosa, por decreto. Ter mais ou menos posses não vai tornar alguém melhor ou uma alma mais próxima da salvação que outra. Desde que se compreenda que igualdade significa manutenção de individualidades, o povo está mais bem-servido.

2) A complexa índole do autor
Para compreender a intrincada personalidade de Tocqueville deve-se ter em mente o seguinte comentário do professor: "Ele é um liberal <u>político</u>". A última palavra permite a coexistência entre seu **ódio pelo capital** e sua posição de **aristocrata moralista.** Em T. há uma repugnância estética pelo mundo burguês. Sem embargo, como visto, ele não pode ser um protomarxista se tem extrema aversão à igualdade como pilar social (sempre pensar no dualismo an-

glo-franco, e na situação alemã, inclusive).

3) Analogia do tapete
Por todo o livro transpira-se o estágio contraditório que vivia a civilização francesa: na superfície feudal, era desde a época pré-revolucionária um Estado moderno sob o tapete. A revolução não CRIOU a sujeira que arruinou os móveis do *Ancien Régime*, ela foi apenas a própria puxada desse imundo tapete.

4) A essência da obra
Hoje se diz que somos dois Brasis: a França era no século XVIII duas Franças. A coexistência de uma nação sumamente medieval com um Estado que atendia a avanços e reivindicações sociais de longo tempo (talvez, juntos, num território só, o país mais "atrasado" e o mais "adiantado" da Europa) foi a dinamite da Revolução. O Reino Unido era mais homogeneamente avançado; a Alemanha era mais homogeneamente atrasada; então não transcorreram choques culturais parecidos nestes dois países.

APROFUNDAMENTO

(...)

Penso nas contendas dos subúrbios no século XXI, noticiadas por um semanário o mais superficial possível (citemos a *VEJA!*): se a Revolução Russa fracassou, o que dizer da francesa (capitalista), sua inspiração? **Se escrevesse um livro, chamá-lo-ia** *A COMÉDIA DA HUMANIDADE NIILISTA – Um posfácio a Nietzsche*. Mal sabem que estão à caça de valores! Para eles tudo bem. Nada cheira mal e nada tende a qualquer hecatombe! O milagre do dinheiro lhes é infinito retro e avante!

(P.S. 2021) Nesta semana em que releio este artigo para decidir se o incluo no livro *Cila ou Caribde Vol. I*, os franceses vão às ruas – protestar... contra... as *vacinas* da Covid!

(...)

O PAROXISMO DO ANARQUISMO

Não se fazia idéia de humanidade, não se sabia conjugar como Marx o fez os jogos de poder entre as classes. Antes de "a História ser fundada", de se acreditar num sujeito ou em massas de sujeitos que a produzissem (Napoleão ou os proletários), qualquer intelectual não era o que sabemos hoje um intelectual. Era um proto-intelectual. Aspirava a sistematizações mas era arquiteto de "ISMOS" precários (como se os próprios modelos prontos, tais quais Socialismo, já não o fossem!). Ignorava qualquer "consciência de classe", logo seu trabalho reflexivo era mais a expressão de um âmago seu, um libelo apaixonado e perspectivista, uma literatura ficcional, do que qualquer outra coisa. Tira-se daí que a revolução foi o último acidente esperado, uma conseqüência jamais prevista. E o modo torto como ela nasceu – e que seria incessantemente imitado – é que desencadeou ser ela um fenômeno <u>potencializador da servidão</u> ao invés de ser o maçarico que derrete os grilhões do homem. O fato universal nasceu de egos! É pelo paradigma revolucionário ainda ser o francês que ainda não fundamos uma humanidade...

16 de agosto de 2008

#Antropologia & Religião
#monoteísmos

PROVA DA INEXISTÊCIA DE DEUS!

"Deus" é sinônimo de onipotência, o conceito humano para o uno, ilimitado e intangível, uma chave de acesso ao transcendental via linguagem: quatro letras que encerram a idéia de tudo que está por trás da existência e da possibilidade de se ter qualquer idéia. Como tal, "Deus" cresceu com o homem. É seu mito, sua raiz. A determinado ponto foi sistematizado em escrituras – o que não o desvencilha do paradigma panteísta, não obstante: panteísmo é a crença de Deus sendo tudo e todas as coisas. O universo, a natureza. Aqui está o ponto a que desejava chegar para comprovar a inexistência de Deus, <u>se é que o leitor não preferirá legitimá-lo de uma forma diferente...</u> (*vide adiante*) Serei lógico; acompanhe:

O caráter de onipotência de Deus é sua definição pura. Significa que para tal entidade inexiste o impossível. A realidade inteira é o desenrolar de sua vontade. Como tal, só pode ser ele mesmo (o que é vontade de Deus é deus, e não há o que não seja): voltamos ao Panteísmo, ainda que sejais cristãos. <u>Se tudo é deus, eu também sou deus.</u> Afirmar deus é negar-me a mim mesmo. Penso que sou livre para escrever que sou livre. Tenho autonomia na decisão. A simples crença na assertiva basta ao leitor a fim de negar Deus. Porém, sigamos adiante, rumo aos limites da argumentação: se se aceita que <u>eu sou Deus</u> para não negá-lo, <u>eu me anulo</u>. Eu existo – o leitor existe – e aceitar-se como Deus representando a própria impossibilidade do Ser de existir é pífio. <u>Existo e por isso automaticamente Deus deve ser negado.</u>

<u>Ainda que eu fosse Deus</u> – esse é o único método, entenda o leitor, de poder afirmá-lo (a legitimação em "forma diferente" supracitada) –, ou <u>tudo sou eu</u> (tudo que acontece é minha vontade – <u>sua liberdade acabou</u> de ser formalmente morta), ou eu sou uma PARTÍCULA de Deus. Mas um poder infinito não se divide: a principal característica divina é a unidade, é ser a arrumação coerente do todo. Não existe, portanto, essa conveniente *solução intermediária*.

Retomando, há dois (ou três) paradigmas: **1)** TUDO é Deus (e sua Vontade), sob o alto preço de não existirmos (nossas individualidades não passam de ilusão, falsas consciências de Deus regidas por uma, e só uma, verdadeira consciência); **2)** NADA é Deus. Esta possibilidade permanece de pé, pois permite que existamos; **3)** O indivíduo é DEUS. Incabível. Porém, interessante observar que "3)" não existe senão como subconjunto de "1)". Deus não pode ser um subconjunto, nem mesmo possuir um subconjunto! <u>Deus não pode existir se há no universo qualquer consciência que levante o problema. Perdemos um deus no momento em que passamos a acreditar nele.</u>

5 de agosto de 2008

#Poesia #Prosa Não-ficcional #autoimagem #depressão #loucura #Sonhos

CONHAQUE E ALL-STAR PRETO: SONHOS DE UM EX-FUTURO PROFESSOR

Algo me aflige. E não é como antigamente. Subitamente sinto-me atrofiado: faz tempo que não utilizo polegar e indicador para escrever (a dupla dinâmica). E já há um tempo o ruído do ônibus da madrugada me seduz. NÃO É COMO DAS OUTRAS VEZES!

Não quero mais compartilhar esse excerto – como faria em janeiro, em julho, dia 4 de agosto...

Do que eu preciso? A solidão é a companhia pela qual meu coração neste segundo bate forte. As asas libertadoras da moral dos pais.

Estou farto de não poder caminhar, fumar e ser livre. De escrever o que devia FAZER.

Pouco valor tem a forma. E o conteúdo – se mentira. Passemos à natureza:

Rotina, tempo, submissão – 3 problemas.

Contingência, desamarrar-me, <u>voar</u>.

Neste verbo há algo de encantador: na minha insônia, muito mais. Quero a bem-aventurança – e nada de herança. De que me vale a avareza?

Ninharias. Eu, podendo, atirava fora a TV. Lembrei-me há 10 minutos do Carlos Gomes. A cibercultura – outrossim a Morte de GAIA (o que fazer?).

<u>Quero caminhar até saber o que fazer.</u> Já NÃO DEPENDO DE NENHUMA PARAFERNÁLIA ELETRÔNICA, NEM STRICTO SENSU... Que diabo é o <u>latim</u>?

Eu sou, de fato, MANÍACO?

Vêm meus surtos piorando?

Poderá ser uma virilidade extrema que a sociedade mata. Mas encontro chaveiros esparsos, se as portas estão trancadas!

Ludíbrio... com a linguagem.

A resposta da RUA está na CASA.

Uma geladeira dispondo de conhaque; tênis e meias sempre embotados. A esquina, moradia. EU DEMANDO SOLIDÃO. SOLIDÃO INCLUSIVE OBJETAL.

(P.S. 2021) O título do texto foi atribuído em momento posterior.

27 de julho de 2008

#Filosofia #marxismo #PensamentoÚnico #Política #revolução

TRANSCENDER-3
O DEZOITO BRUMÁRIO DE LUÍS BONAPARTE – Marx

Há duas trajetórias de uma revolução: a ascensional e a decrescente: a primeira se dá quando partidos cada vez mais radicais vão se sucedendo na liderança do movimento, para que o mais paradoxal deles seja engolido pela própria fome revolucionária e arrancado de qualquer posto de comando.

A segunda é seu espelho, posto que gradualmente igual, embora invertida. Os jacobinos, ou a população revoltada, a anarquia, são os primeiros na linha de frente. Estes são sucedidos por revolucionários de parlamento, que acabam entregando o poder aos burgueses. Estes, por fim, vêem-se salvos temporariamente pelo exército, que não obstante os descarta tão logo a espiral da revolução tenha completado seu movimento descendente. Assim, recai-se na ditadura. É uma lição maquiavélica, a ser destrinchada por Marx ao longo do livro (descrevem-se aqui os três anos do jocoso parlamento burguês de meados do século XIX na França).

Em ambos os casos o elo mediano, o desfecho equilibrado que parece ser o mais longevo, é o da classe revolucionária vitoriosa de 1789, não outra senão a burguesia, que é a solução considerada "menos ruim" na luta promovida entre as diversas classes. Não há a autoridade pusilânime de um ditador, porém ainda se encontram ali as forças armadas e sua honra; ademais, com a segurança constitucional, o indivíduo parece se ver num mundo melhor que o estágio da guerra de todos-contra-todos. **Voltou-se à estaca zero do mundo moderno.**

Marx foi o primeiro indivíduo a compreender acima do razoavelmente tal situação antitética, tal todo contraditório. Procura ensinar ao proletário que, justamente, **não existe um "ensino" a ser transmitido**: deve ser encontrada uma forma inédita de revolução, ao invés de se mimetizar o êxito burguês, que venceu o Antigo Regime e secularizou o Homem, tornando-o, por fim, histórico.

A este propósito, a alusão ao personagem da literatura alemã, *Schlemiel*, que vende sua sombra para o diabo em troca de privilégios pessoais porém vê tudo se perder, é perfeita: **os políticos franceses são sua versão invertida, sombras sem homem. História sem acontecimento. Uma aula de fenomenologia.**

A metade final do capítulo é um irretocável histórico das composições partidárias na França e como se dão, genericamente, no mundo moderno. Tudo não passa de um invólucro insidioso da luta de classes. Marx apresenta a tão procurada "Rodes".

Não que o autor o cite diretamente, mas alguns parágrafos do capítulo me fizeram pensar na questão do "destino manifesto", algo, eu diria, hegeliano, anulado pelo materialismo histórico. Elaboro aqui um texto-parágrafo, inclusive com título, a esse respeito.

POR QUE VOCÊ NÃO LUTA?

A visão de que cada nação possui o governo que merece é ilusória e precisa ser abolida. Sequer há o que se pode chamar de nação, e não porque o Estado-nação não respeite nações, mas porque o próprio conceito de nação está seriamente em xeque. **Não existe o povo, por mais que o tópico-frasal da sociologia coaja qualquer sociólogo incipiente a dizer o contrário.** O que acontece em um país como o nosso é a tendência auto-implosiva do Capital: uma plutocracia que impede o movimento revolucionário, porquanto este só representa perigo sendo massivo. Uma vez que estão destruídas as condições para que ele o seja (tome como base a mídia brasileira, que impossibilita o menor pensamento transgressor), fica na mão do indivíduo consciente a decisão: dada a impossibilidade democrática de atingir minhas metas e a inviabilidade de qualquer negociação pacífica com o Estado e demais forças, baluartes da moral do Ocidente, diria um Nietzsche, **eu devo lutar e arriscar a piorar ainda mais drasticamente minhas condições de existência neste mundo ou eu devo me conformar, manter minha propriedade, minha liberdade, enfim, meus direitos civis, minha relação com a família, meus estudos e meu emprego?** Parece que, diante de impasse de tal ordem, sempre escolheremos a segunda opção. Mas, para ser auxiliado por um provérbio simples contudo verdadeiro, "nada é eterno". O que se depreende disso? Aparentemente, o *momento da luta pela ruptura irreversível do sistema* **é invariavelmente empurrado para frente e jamais concretizado. Não há como imaginarmos, de fato, que poderia haver uma "anarquização" da sociedade moderna a ponto de transformar poderios incalculáveis como o produto nacional bruto e o exército americanos em cenários tão imprevisíveis quanto as** *Farc* **no território colombiano ou as milícias mexicanas em guerra de trincheiras com o Estado. A própria constituição do rebelde como exceção é a quase refutação de qualquer esperança.** Para a vida dos ainda vivos no momento deste texto, e do seu autor, o cenário é tão ou mais desanimador: escolho minha profissão estável, minha ficha criminal limpa e meu conhecimento socrático-cristão a contragosto, mesmo ciente de que são postulados inversamente proporcionais à "sociedade" como se constitui de fato (não passando de idealismos vis, disfarçáveis para alguns, mas intransponíveis para todos), **por julgar que só encurtaria minha vida se lutasse contra tudo e todos, ou reduziria cabalmente meu já ridículo quinhão**. Faticamente, assim funcionam as coisas. Onde está, então, a mágica que torna o inimigo invencível do homem um respeitante do dito de que *"nada seja eterno"*? Nele próprio. O invencível (figura sem corpo, apenas a idéia que temos enquanto somos escravos do próprio Ideal) é a vítima derradeira de seu próprio sucesso. As contradições do Capitalismo tornam-se mais agudas à medida que seu êxito se torna mais inquestionável. Há um *ponto de ruptura* nas auto-vitórias do maleável Capital e da casca de todo seu conteúdo, a moral do Ocidente. As fendas já aparecem. Existe um momento em que as condições de existência do regime não podem ser mantidas nem que se o almejasse: contramedidas apenas aceleram o colapso, e **por mais que tal lição seja aprendida o colapso, em si, não pode ser evitado**. Não procede a crítica liberal feita a Marx de que "o que um homem vê, os outros vêem, ou o vêem vendo", apontando para o fato de que, se o homem faz sua História, então ao se corrigir o rumo da História que Marx queria levar a cabo, a história realizada é o Capitalismo (*Fim da História*, no qual já depositei minhas fichas). Digamos que apenas se espera pelo inevitável. Longe de uma visão de espírito (neo-hegeliana), trata-se da constatação, pelo homem que se enrolou no pólo natureza-cultura, de que ele, o homem, junto de seus produtos, é a natureza. E pulsa. Como vida, não pode se negar a vivê-la excedendo o limite "x". Esse limite "x" é o dia da derrocada do sistema capitalista em decorrência das próprias ultra-contradições e da soma das vontades individuais da grande maioria de manter o sistema intacto (o que implodirá as últimas ilusões de chances que tais grupos poderiam possuir). Não me encarem como um profeta, mas como um bom leitor. Sigamos...: a saturação da moral do Ocidente se avizinha. O tal *dilema da escolha pessoal*, lutar ou se conformar, deixará de fazer sentido. Será o momento de cada um agarrar sua oportunidade. Obviamente, muitos se recusarão a agarrá-la, mas cada fracasso terá seu papel: amantes da vida precisam de seres humanos inferiores para exercerem sua dominação (paradigma natural). Não desejo ser mal-interpretado. Significa que o homem moderno não *rompe integralmente* com seu passado, uma vez que coexistirá (e coexiste, pois há homens modernos *hoje*, embora não no comando do que quer que seja) com os *pseudo-modernos*, criaturas que atualmente *parecem* ditar a História e que no entanto não compreendem ou não podem evitar o problema futuro de ter compreendido hoje que não alcançaram a modernidade, mas que são entes mais fracos, *pré-modernos, pré-históricos*. A diferença fundamental é que no leme da embarcação histórica encontraremos, na coexistência reformulada do fim do Capital, os modernos. Lembre-se que, coletivamente, ao olhar ao redor, *jamais fomos modernos*. Se você é um moderno e guarda seu tesouro, sua vida pré-moderna será logo transcendida e transvalorada. É bem verdade que muitos nessas circunstâncias morreram sem ver a verdadeira *Aufklärung* sangrenta. E outros vão morrer. Mas isso fazia parte da modernidade *deles*. Há alguns modernos que vêm antes dos outros. Nem por isso são menos modernos. A História está sendo feita, não há Idealismo em minha convicção: é que os modernos dão suas parcelas de contribuição desde muito antes deste texto, que aliás nasceu de seus esforços; e embora isoladamente esses esforços não consigam vencer o inimigo chamado de "o invencível", quem está tramando, neste exato minuto, em laboratório, a própria e inaudita morte são os pré-modernos, figuras que já divisam sua extinção no horizonte (nenhuma contramedida pode surtir efeito se se permanece no âmbito da visão progressista autofágica). Se há algo de desesperador na vida, é a vida, aquela mesma que cria o sentimento do desespero (e já é um privilégio usufruí-lo!), que recai no auto-perceptível fatalismo. Alguns andam lendo meu blog e me apelidando de *oráculo*. Porém, eu sou o oráculo do fim dos oráculos: a única e caprichosa metatendência quem traça são vocês. A tendência do auto-expurgo do mundo. O Ocidente é um monstro que se come a si mesmo e quanto mais come mais julga o prato delicioso sendo portanto apenas bom senso e não qualquer dom premonitório que me permite asseverar que ele nunca deixará de se comer até que suas funções vitais sejam desligadas – porque ele acredita piamente que está cada vez mais corpulento, quando seu aspecto ao observador alheio (o moderno, imerso no estômago do monstro e que pode ser ejetado na ocasião oportuna) é o do definhamento. E não há meios de um monstro que só triturou tudo com seus dentes de repente aprender a fazer outra coisa... É a natureza desse bicho que se crê anti-natural e imortal. Mas o que é a imortalidade? Tem-se de estar vivo para não estar morto, ou para pensar nesses dilemas. E a vida não pode ser anti-natural, posto que da natureza provém. Portanto, sem sentido, o monstro explode. Esse bicho acredita no Fim da História. Mas a natureza não acredita em equilíbrios...

* * *

Marx demonstra como os maus resultados econômicos franceses dos anos de 1851 e 1852 não se relacionam com a esfera política (contenda Parlamento burguês enfraquecido X Luís Napoleão), mas apenas com os próprios resultados cíclicos das indústrias e do terceiro setor, uma vez que a próspera Inglaterra também sente o baque (com uma economia cada vez mais global, mesmo nações politicamente estáveis podem de um mês para o outro enfrentar reveses em sua balança comercial). Especialmente na Grã-Bretanha, foi o crescimento exacerbado que causou a mordaça nos lucros dos capitalistas (intensificação da competição): o Capitalismo é vítima de seu próprio sucesso.

O império do segundo Napoleão é um *fantasma das lendas camponesas*, refeito. É *o idílio da massa camponesa que não quer a revolução*; quer uma *impossível volta ao passado*.

Uma reprise de Napoleão que devia ser, no entanto, mais comedida: a França já não podia praticar aventuras militares pela Europa.

Exímia exposição, que retoma a idéia do primeiro capítulo (o livro começa lembrando a frase de Hegel de que cada personagem histórica existiria 2 vezes, quer seja, o original e sua cópia). Luís Napoleão, Napoleão III, é o protagonista de uma Comédia, um maquiavelismo embotado que se sabe uma paródia. A nação inteira, em todas as suas classes e subclasses, são também os títeres desta cópia.

17 de julho de 2008

#**Política** #ativismo

MÁ QUALIDADE NO ENSINO PÚBLICO BRASILEIRO (E PARTICULARMENTE NO DF)

[Resgatado de algum momento incerto de 2005, quando cursava o terceiro ano do ensino médio. Alterado em algumas partes.]

É incontestável o teor da matéria publicada pelos senhores. Na sociedade autoproclamada moderna e laicizada o "brilhante" governo deveria se preocupar não com cem, dez ou dois (o outro seria a Saúde), mas essencialmente com um pilar de sustentação a perpétuo prazo da nação: a educação de alto nível. Não é o que se vê desde a primeira série do ensino fundamental até a terceira do médio, nem mesmo no pretensamente revolucionário governo de esquerda em plena era da globalização.

Conforme mostrado em artigo da semana passada nesse semanário, a situação é crítica e, pensando-se com bom senso no problema, sempre ficará como está: os políticos precisam de eleitores ignorantes para abrirem seu leque de votos.

Com palhaçadas como a Reforma Universitária (Reuni) eles tentam fazer um prédio deixar de ruir pelo conserto de seu topo, e não da base já toda trincada. O grande mal está lá no princípio: professores que não correspondem ao título de licenciatura que lhes foi concedido (dão aula de outra disciplina), calendário risível cheio de feriados, conteúdo programático defasado em relação aos principais vestibulares, excesso de trabalhos e poucas provas, exames na maioria das vezes objetivos – jamais discursivos –, diretoria que não respeita os alunos e crê que a máquina burocrática do aprendizado tem de ser a mesma de antigamente, e sobretudo um sistema sem fiscalização do emprego dos recursos, inscrito no modelo "de cima para baixo", em que a liberação das verbas é deficitária, acarretando, em última instância, em salas de aula antiquadas, imundas e odiadas pelo estudante. O foco da educação não deveria ser a sala de aula? Pois bem: inverte-se o caso, de modo que o cafézinho dos funcionários esteja sempre quentinho.

Que pai, senhores, em sã consciência, colocará o filho no ensino da Fundação quando tem dinheiro para fazer o contrário? É ainda mais lastimável que a capital, com acesso direto aos recursos federais e com uma maior obrigação de ser exemplo, viva o mesmo dilema que qualquer cidadezinha do interior. Pais, aposentai mais cedo para que possais dar um complemento aos fracos estudos de vossos filhos! *Tête-à-tête*: a solução emergencial! Embora quem tenha tido buracos em sua formação não vá deixar de perpetuá-los...

Rafael Aguiar,
Brasília-DF

[Exercício de "carta argumentativa". Não disponho do texto-fonte dos argumentos]

(P.S. 2021) Obviamente eu não concordo com vários raciocínios e exemplos citados, hoje; embora concorde com a tese de que o problema educacional é tão mais profundo que não pode

ser resolvido economicamente nas bases do sistema em que vivemos, tampouco via "vontade política". Quero deixar claro que sempre estudei na rede pública, que não matricularia um futuro filho na rede privada e que sou contra o home schooling! Mas não deixa de ser sintoma falimentar que estudantes "não gostem da escola". Isso é motivo de sátira, paródia, anedotas cotidianas, mas não deveria nunca ser encarado como "normal". Encerro essa observação anacrônica em relação ao texto (agora anacrônico!) com a pessimista frase platônica: A virtude não pode ser ensinada.

* * *

#Antropologia & Religião #ética #Sociedade decadência

TRANSCENDER-2
DE VÁRIAS "COISAS-PESSOAS": Do Efeito-estufa ao supra-homem, passando pelo "chaveiro miraculoso"

Vejam se percebem quando este texto sofreu um salto de 3 anos...

O acúmulo de gases na atmosfera terrestre (em grande parte causado pelo homem pós-industrial) eleva, anualmente, a temperatura média do planeta e pode, a longo prazo, acarretar desastres como o derretimento das calotas polares, a extinção de muitas vidas animais e vários fenômenos ainda desconhecidos.

Apresenta-se acima um dos problemas mais críticos (ou o problema mais crítico) a serem enfrentados pelo homem do século XXI. Várias das ciências já manifestaram sua preocupação e deram sua parcela de contribuição; vejamos: a Matemática crê que em um século a temperatura subirá entre 4 e 6 graus Celsius, através de previsões complexas, sabendo também que o derretimento dos pólos elevaria os oceanos em 30 centímetros; a Química mostra como funcionam as interações moleculares entre os gases, logo o que se sucede em grande escala com toda a atmosfera; a Geografia nos permite concluir se a sucessão "natural" (artificial!) dos fatos sem que o homem se preocupasse com o aquecimento desembocaria ou não no chamado fim do mundo – e parece que sim. E também se pergunta, acessoriamente, quais as atitudes que o mesmo homem deve tomar a fim de modificar o espaço ao seu redor (aliás, o espaço não figura ao nosso redor: somos o próprio espaço!); a Biologia mostra a reação e adaptação dos organismos a estas condições hostis; a História comprova que desde a primeira fase da Revolução Industrial o problema se agravou bastante; a Física nos permite entender o porquê de tudo esquentar tão rapidamente e como são formados os buracos na camada de ozônio; por fim, a Sociologia e a Filosofia (colocarei ambas no mesmo pacote, e deixarei uma terceira irmã para depois) também refletem consideravelmente acerca da responsabilidade e do vexame (é bem isso: a perda da dignidade diante de si mesmo) humanos em sua relação com o mundo.

Com tantas más notícias à porta, o que é possível fazer? Digam, Geografia e demais citadas! As empresas adoram evocar o Desenvolvimento Sustentável, duas palavrinhas aparentemente mágicas. Nessa esfera, o pepino cai outrossim na mão de economistas e governantes, ao invés de se concentrar na massa de biólogos ou meteorologistas. A chave da questão é tão complexa que eu teria de mudar a metáfora para um chaveiro. Um chaveiro enigmático, que ainda não foi forjado porque não existe um chaveiro (este o profissional) capacitado para o trabalho. As fechaduras que necessitam de solução prática sequer podem ser precisadas: afinal, se encontram dentro de Estados-nações ou acima deles, no reino do nada e do tudo ao mesmo tempo?

Se não podemos encontrar as "portas da poluição" para fechá-las, com uma argola de chaves que sequer está pronta, podemos atacar um sujeito conhecido, aquele que arrombou todas essas portas: os Estados Unidos da América, herdeiros da Inglaterra na missão de "oficina do mundo". Ou melhor: a ofensiva já aconteceu! Foi a redação do Protocolo de Kyoto, para redução progressiva na emissão de gases. Pena que não pôde nem poderá, honestamente, a curto prazo, surtir efeito, se o poder do dinheiro se encontra maior que o da vida. Que se saia da ilusão de que a Terra agüentará 50 anos haja o que houver e de que quando os poços de petróleo secarem a contenda estará sanada. O problema é cultural, profundo.

"Desenvolvimento Zero" não basta: a percepção coletiva de "marcha rumo ao progresso" já sofreu tantos golpes e se encontra tão trincada que é difícil imaginar que a salvação venha de outra via que não a **"primitivização" do homem**, algo inclusive previsto dialeticamente ("primitivo" está em oposição ao "desenvolvimento" preconizado pelos especialistas genocidas de hoje e, como sabemos, o que é o reverso da moeda de alguma coisa tende a vir à baila ora ou outra). É a promessa da vinda do **bicho-homem**, um animal que fala, que finalmente descobriu na Antropologia as bases míticas da Ciência e que vai buscar na entidade Gaia a redenção. Se há males que vêm para o bem, há bens que vêm para o mal: a democracia liberal, se tão injusta, precisa dar lugar a um neo-sistema de castas em que o acesso aos recursos respeitará o corpo, porque os inferiores (os donos do mundo de hoje) ficarão sob o jugo dos supra-homens. Nada de computadores, celulares ou olhares de esperança para um futuro "mais tecnológico". Estamos no limiar em que já é possível tratar a tecnologia como sinônimo de desgraça e niilismo.

11 de julho de 2008

#**Prosa Não-ficcional** #amor #autoimagem #loucura #megalomania

A MINHA CHUVA SUBJETIVA

(Em 11/12/07)

Finalmente eu entendi tudo. A morte faz qualquer ato colossal ter sido vão. Então fazer dados se perderem em vida também não é grande coisa. Talvez só o que queira seja viver uma grande e tórrida paixão, ah! Só preciso de vazão para mim mesmo, ou eu mesmo? O português deixa de ser belo nessas horas. Nada importa mais a não ser minha infinita – em finitude – agonia. Retirarei de qualquer horizonte meus moldes hiper-reais. Tome-os! Guarde-os nos recônditos de sua doença nostálgica. Não tenho nada a perder após a última fronteira.

Contemplar o vazio, sim. Mergulhar na dor, sempre. Voltar atrás é que jamais! Os grandes gênios – e loucos – foram obliterados pela História, bem como os grandes e insuperáveis textos.

Sem mais ninguém serei completo. Preciso quebrar todos os espelhos na medida do possível. Amanhã – e isso muito me alegra – será um dia como nenhum outro.

Não, não era isso que eu estava querendo dizer.

* * *

É necessário e impossível a vocês humanos que compreendam que o ruim não está em ser ruim, a situação, mas na ditadura do tempo. Finalmente consegui ser o estrangeiro sem rotina.

10 de julho de 2008

#Antropologia & Religião #alteridade #Prosa Não-ficcional

LADO B LADO A

(Em 04/02/08, de Fortaleza)

Às vezes oscilo entre acreditar que todos existem ou só eu sou verdade. Ou na realidade não posso negar, mas se, no frigir dos ovos, tanto faz, continuo com minha desfaçatez... Quando eu voltar, todas essas pessoas sumirão da minha vida de tal forma que não existirão mais – afinal minha vida é o que *eu percebo*. Até, obviamente, um improvável retorno – as condições originais, estas se dissipam (eu serei outro, e todos terão mudado um bocado). Enxergo tudo como um abajur que acende e apaga e cada vez exibe uma iluminação nova e engraçadinha. Nada impede que eu o arranque da tomada quando estiver enjoado (ou enojado) desse *blues*.

O homem que acredita no darwinismo social mas que viu uma coisa que quem convive comigo não via... Sua filha sempre tão atenciosa e paradoxalmente inalcançável... Aquela churrasqueira, a piscina... Esse quarto, o ar-condicionado. Desaparecerão. Nem mais sonho serão. Sem minha presença todo este estado, este verdadeiro mundo, vai sublimar. Todas as palavras e impressões formadas. É uma estação temporária do dito trajeto unidirecional do vagão da vida. E por enquanto as coisas lá não existem, e tanto me preocupo. Como pode ser?

8 de julho de 2008

#Filosofia #metafísica
#PensamentoÚnico #Metalinguagem

TRANSCENDER-1

Dou hoje o primeiro passo do meu projeto TRANSCENDER (acaba de ser assim batizado). Trata-se do meu grande objetivo intelectual proposto no dia 14 de junho. Não obstante, decidi encorpá-lo: ele abrigará todas as minhas reflexões genéricas sobre os créditos que venho "enfrentando" (essa é bem a palavra) na universidade. Portanto, de noções de Ciência Política a teorias da História e ciclos econômicos, todos figurarão neste âmbito. Se os amigos forem realmente pacientes, ao verificarem o teor do texto de fundação do blog, em outubro de 2005, no endereço http://xtudotudo1.zip.net, verificarão que *"encontrar o melhor sistema político-econômico"*, dessa vez de forma mais madura, é, ainda, em essência, tudo o que persigo. Com a diferença de que por ora a resposta está tão na frente de nossos olhos quão distante, intangível e inalcançável (gira acerca da idéia do excerto ESTAMOS NA PRÉ-HISTÓRIA DO HOMEM). As próprias palavras necessitariam de uma refundação ("melhor", "sistema", "política", "economia", tendo em vista o "bicho que fala" que somos nós, híbridos curiosos de natureza e cultura que começam, finalmente, a se descobrir).

No título dos textos para o TRANSCENDER, sempre colocarei o número correspondente à ordem cronológica do post, isso é, 1 para este, 2 para o próximo e assim por diante. Tal medida tem fins organizacionais e ajudará a mostrar, aos leitores que me encontrarem somente num ponto futuro, onde – e ao longo de quantos percalços! – tudo começou... Claro que o blog não se dedicará exclusivamente, doravante, ao TRANSCENDER. Devo dizer que sequer metade dos textos dos próximos meses deverá pertencer ao projeto.

Para não deixá-los de mãos abanando, já que isso era QUASE tudo o que eu almejava dizer, praticarei aqui um exercício condenável de acordo com muitos da minha área, embora eu não o reconheça como tal: futurologia. Pela primeira vez abrirei a boca em termos de datas. Se o que eu preconizo vier a acontecer, eu imputo os anos de 2050-70 como as testemunhas precisas da transição. O que dizem? Tenho razoáveis chances de me conservar vivo... Significa que atribuo a não muito além da metade do século o fim do capitalismo, do Estado e das anacrônicas instituições que respondem pela falta de deuses ou pelos "deuses que não sabem dançar". Tal data marcaria o nascimento do homem que o projeto iluminista pela primeira vez desenhou mas não cumpriu. Significa a materialização de uma idéia.

Depois desse presente – se insólito ou não, meu interesse nisso não repousa! – julgo que me despeço não-debalde; e – queiram ou não – voltarei; claro que apenas com escritos mais "pesados" (permeados de dados), de um próximo turno...

3 de julho de 2008

#**Futebol** #Libertadores #SobrenaturaldeAlmeida

O VICE-CAMPEONATO MAIS ARDIDO DE TODOS OS TEMPOS

Na virada do dia 2 para o dia 3 de julho de 2008 o futebol se deparou com um dos resultados mais justos de que já se teve notícia ao cabo de uma competição de suma importância, neste caso a glória máxima das equipes sul-americanas, a única escola que realmente importa quando se fala na modalidade, paradoxal e curiosamente, criada pelos sensaborões ingleses.

O Fluminense sucumbiu diante da Liga Deportiva Universitaria de Quito. Esperou-se ansiosamente para que o mundo da bola voltasse a seu estado de coerência habitual (ainda que este seja permeado de caixinhas e mais caixinhas de surpresas!). Explica-se: a própria galgada do time das Laranjeiras à decisão da Libertadores da América foi a mais infamante injúria, um descaminho que nem com Sobrenaturais de Almeida poderiam explicar. Não foi apenas sorte, uma cadeia de eventos fortuitos. As leis da termodinâmica precisaram ser estilhaçadas durante vários minutos das rodadas de quartas e semi-finais, o que obviamente favoreceu o time que levaria franca desvantagem nos seguintes confrontos: Os Badalados do Rio de Janeiro X São Paulo FC e Os Badalados do Rio de Janeiro X Boca Juniors. Dissequemos a quase-desgraça que se anunciava e que só deixou de se abater sobre o planeta (ou a América, o Planeta Bola) no último instante, roteiro muito semelhante, aliás, a um drama hollywoodiano, em que o final é inevitavelmente a felicidade geral. (Exclui-se da conta os condoídos da longa noite.)

O CAPITÓLIO DA JUSTIÇA

A mídia não merecia. A imprensa nacional – vendida a interesses escusos, que variam de sediar uma competição de envergadura, tal qual uma Copa do Mundo, algo totalmente descabido para nosso patamar civilizatório, à manipulação de horários de jogos e sabotagem moral de equipes estrangeiras – não merecia. A Globo, sobretudo, não merecia – e quebrou a cara (ou as lentes tão caras de suas câmeras pouco ou nada imparciais, se é que é possível divagar sobre níveis de imparcialidade... Não percamos tempo com a raça dos jornalistas!). O Fluminense – de história microscópica diante de outros Golias brasileiros – não merecia. Renato Gaúcho, o técnico mais prepotente do novo milênio, não merecia. Washington, um atacante com dificuldades visíveis de domínio de bola abençoado em uma série de lances pela eliminação temporária das leis da Física, merecia ainda menos. A Unimed e seu patrocínio desmedido – somas desproporcionais aplicadas em uma instituição duvidosa – tampouco merecia. O presidente do Fluminense, Horcades, envolto em corrupção, não o merecia. O FUTEBOL, Ó DEUS DO CÉU, LOUVADOS SEJAM PELÉ, OS DRIBLES BEM-FEITOS, A SEMPRE BEM-VINDA COMPETÊN-CIA, A BOLA REDONDA... NÃO MERECIA VER UM TIME RECALCITRANTE SE SAGRAR CAMPEÃO CONTINENTAL! Se me perguntarem "entre a mídia e o Fluminense, fica com quem?", respondo que ambos se merecem.

A única concessão a essas entidades, retirando-se, claro, o futebol, é o direito ao choro copioso. Quem diria: botafoguenses, vascaínos (estes sempre na sarjeta) e flamenguistas (acometidos de um terrível desastre no meio do torneio), além de muitas outras torcidas, se é que não todas (exasperadas com o pedantismo sem-fim do sr. Renato), são os que deitam e rolam ao mirar a desolação vizinha. O chororô já deu muito o que falar em 2008, mas ainda não tinha assumido PROPORÇÕES OCEÂNICAS como nesta madrugada! O pior é que para as vítimas ainda não foi decretado o desfecho: este poderá vir de forma sobretudo lancinante, à última rodada do Campeonato Brasileiro. A tabela dirá por mim... As promissórias da ascensão precoce do time de Magno Alves à série A no triênio 1999-2001, fiada pelo Diabo, vencem em dezembro.

CASUALIDADES QUE ENCERRAVAM UM "MALDOSO" PROPÓSITO FINAL

Um acidente aos 48 do segundo tempo que de repente assume, nas bocas dos fanfarrões, aspecto de "superioridade técnica e tática inquestionáveis". Massacres, domínios plenipotentes de um time sobre o outro no transcorrer de etapas inteiras, que redundam na ausência de gols, fosse por chutes tortos, fosse por defesas não mais que estupidamente improváveis de um goleiro sem um pingo de talento. Gols nascidos absolutamente no reino do absurdo, sempre um ou dois ou três minutos em seqüência a gols legítimos, auferidos pelos oponentes, equipes verdadeiramente qualificadas (gols que o Fluminense sofria e que devolvia, em surtos de loucura e histeria indizíveis, o que em circunstâncias normais seria um suicídio tático – ataques infecundos seguidos por contra-ataques mortais). Eis aí ingredientes que, detonados pela pólvora da vontade de ser macho de um indivíduo rabugento no comando de onze panacas, fazem explodir o Maracanã: para variar, no sentido negativo. Esses latinos de "abroad" muito se comprazem em murchar nossas surreais ostentações. **O Brasil nunca foi o melhor em nada.** Apenas em "colocar a culpa em alguém". Essa é uma especialidade ibérica que migrou para a "nação da cana".

A pronunciada "sorte de campeão", que acompanhava o Fluminense há 5 rodadas (que eu chamo de "ruptura das forças forte, fraca, eletromagnética, gravitacional e do que mais a Física um dia descobrir"), se tornou o mais trucidante **azar de vice**, confirmando a aura maldita do Mário Filho. Tudo conspirou, afinal, para que a soberba do Renatão grassasse a cada dia, para que o time chegasse inesperadamente aonde chegou... até tudo escapar pelos dedos num chute da marca da cal. O próprio Washington, fonte de piadinhas geográficas endereçadas aos são-paulinos (a escala antes de Tokyo onde acabaram por interromper a viagem), foi quem sepultou, **ironia das ironias**, o "sonho". Alguém duvida da incapacidade de sonhos que desrespeitam a Física tornarem-se reais?

Não preciso prosseguir com a humilhação. Há silêncios que ferem como adagas. Calar-me-ei até o epílogo do ano, quando duas autênticas potências do futebol se confrontarão em busca de um título do mundo: quem ganhar será um campeão válido! Por ora, o simples desenrolar da realidade já se encarregou de sobrepujar a injustiça das últimas semanas...

20 de junho de 2008

#Antropologia & Religião

CICLO-GAIA

GAIA › NATUREZA › ANIMAL › HOMEM (ANIMAL) › VONTADE DE IMORTALIDADE (consciência de morte) › IMPOSSIBILIDADE › ÓDIO À PRÓPRIA VIDA › NIILISMO › DINHEIRO › **MORTE** › NATUREZA, O IMPÉRIO-MOR › GAIA E O ANIMAL PREPONDERAM › NO CLÍMAX DO UNIVERSO **A VIDA SE REERGUE E MATA A MORTE** › ANIMAL (HOMEM) › VONTADE DE MORTALIDADE › IMORTALIDADE *LATO SENSU* (síntese entre ciclo animal e consciência humana) › A TRANSCENDÊNCIA ESTÁ COMPLETA › GAIA

(Estamos na barriga do U. Já descemos o suficiente. Agora vamos subir.)

[**Maurício**] 04/07/2008 00:47
Este ciclo gaiogênico não deve ser uma parábola, pois apesar de chegarmos ao fundo do poço tão rápido, duvido que saiamos dele tão rápido quanto.

[**nielphine**] 22/06/2008 22:54
eu nunca duvido da capacidade humana de descer mais...

13 de junho de 2008

#Antropologia & Religião

CARTA CIBERNÉTICA OTIMISTA

"A civilização está – devagar, mas ainda assim! – se salvando... Tudo 'culpa' do legado filosófico." Michelle

Ora, ora, Michelle,

Talvez sejamos isso aí: os melhores, mesmo. O centro da civilização, digo, de todas as civilizações; do próprio universo; afinal, demo-lo um nome e não é arrogante usá-lo, então. Não há outra explicação para termos chegado ao cume da autocrítica, o que um povo indígena jamais lograria.

E nossa superioridade será especialmente comprovada quando ela mesma for levada a cabo, que é o que está em vias de acontecer (e a vida não é exatamente esse tipo de contradição conjugada?). O surgimento de uma ciência como a Antropologia – ops, o surgimento da ciência, mas enfim, que bom que ela chegou até este curioso subtipo! – só denota o quanto possuímos uma capacidade que outras culturas não detêm: a do progresso. E o progresso chega a um ponto de *questionar o próprio progresso!* Acredito que esse é o AUTÊNTICO progresso!

(...)

5 de maio de 2008

#Filosofia #marxismo #Política #revolução #Prosa Não-ficcional #juventude

ANTES QUE O BLOG COMPLETASSE TRÊS ANOS, EU DEI UMA VOLTA EM MIM MESMO, FIZ UMA REVOLUÇÃO

Eu sou marxista. Toda pessoa inteligente é marxista. Nietzsche foi um marxista até as últimas conseqüências (é até estranho que ele não tenha citado Marx, nem para o bem, nem para o mal, em todo o seu legado, este homem sem meias-palavras, você não acha?)! O que não são 8 meses? Antes de três anos, que é o número do próximo aniversário do *X-TudoTudo*, a ocorrer em outubro, devo me sentir surpreso com minha transvaloração em menos de dois semestres de um curso reflexivo como a sociologia. Mas a "culpa" não é dos professores ou dos meus colegas, é *minha*. Se eu não corresse atrás de bibliografias extras, talvez estivesse patinando no mesmo nível dos demais. Como é santo o homem, que pode mudar e mudar-se num espaço de tempo tão curto, que ainda tem a vida toda pela frente! Estou à caça de outros marxistas – na acepção genuína. Como eu, flexível e percebedor de tendências ocultas ao olhar comum, não devo conhecer mais do que três. Peço desculpas pela série de artigos passados em que porventura tenha faltado com respeito em relação a tal figura histórica, como – provavelmente (ainda não cheguei) – no texto DOIS PENSADORES ALEMÃES, em que eu contrapunha Karl Marx e Max Weber. Sabidamente, colegas, Weber é um "corretor de rota" para Marx: longe de ser sua negação, é sua mais resoluta afirmação!

27 de abril de 2008

#Cinema #Filosofia #Nietzsche #niilismo #Sociedade #ética

O GONGO JÁ SOOU, VOCÊ TEM QUE LUTAR (ATÉ O DÉCIMO ROUND)!

Para alguém como eu, o objetivo da vida?

Por incrível que pareça, ao meu niilismo de 2007 que dava a impressão de querer-se proclamar irreversível, mudei de opinião. Evidente que isso iria acontecer: eu sequer havia encerrado as principais incursões em Nietzsche, para transmutar de verdade! O niilismo europeu é fácil de atingir, entenda bem! O mais ardoroso é ultrapassar esse estágio e vislumbrar seu Zaratustra. E então, agora que enxergo o meu, o que é que nele vejo? O Homem pode estar morto, mas eu não estou. O "Homem" (sociedade, civilização) é, aliás, a maior das mentiras! O principal objetivo da vida é viver. É ser eterno no finito, e isso estou sendo. De alguma forma eu sei que detenho o poder, que eu sou único, o melhor de todos, e ainda tenho e terei até o final algo o quê fazer, sempre mais grandiloqüente que o prévio.

O filme que assisti ontem à noite, no primeiro dia dos meus vinte anos completados (ou, eu diria, semanticamente, dezenove, para não confundir o interlocutor), parece transmitir essa mensagem com espantosa sobriedade: *Rocky VI* é o velho campeão que ainda tem uma fera nas entranhas, e tem de matá-la lutando não menos espetacularmente que em sua vida toda. E a cena mais tocante é a discussão com o filho:

"Culpar os outros pelo que não se realizou é coisa de covardes (...) Ninguém vai ser tão duro quanto a vida (...) Mas o segredo não é ser o que mais bate, mas saber apanhar e se levantar, sempre (...) O ser humano mais forte, quando confrontado, de repente, com alguma espécie de circunstância, é forçado a se flexionar, é empurrado para baixo, enverga. Esse não é o importante. É inevitável. O vital é voltar a ficar de pé (...) E o medo, o medo faz você se esforçar mais."

Este é o valor do homem e sua luta solitária, Balboa e leitores: não é a luva que o soca, é algo dentro de você. Eu aprendi essa lição. E claro: sem o medo, não há a oposição da palavra coragem. Vencer na vida não é estacionar em uma vaga chamada vitória, é caçar outra em lugar diferente todos os dias. Aliás, o verbo vencer só possui um significado tangível quando o contrapomos ao perder. Essa dialética maravilhosa, estonteante, esse paradoxo, é o universal do homem – não obstante, não adiantaria nada negá-lo; tem-se de abraçá-lo.

[dimitri] 27/04/2008 21:48
hAUEHEAUHAE coincidencia, assistimos "juntos" ao filme ontem. cá entre nós, me deu pena do stallone... aqela dicçao dele parece de retardado, e ele com aqela carinha triste, olhinho meio caído..... mas essa parte do filme realmente eh a mais importante, no conteudo teorico/discursivo da pelicula – o sapo federal q o filho leva e passa o resto do filme mansinho mansinho...

3 de abril de 2008

#**Filosofia** #marxismo #Nietzsche

KARL MARX E FRIEDRICH NIETZSCHE: VEROSSIMILHANÇAS

Diviso uma mania etnocêntrica – não estou dizendo que é errada – de considerar a civilização ocidental burguesa os últimos valores morais e econômicos possíveis para o que chamo de "sistema homem" (respectivamente em Nietzsche e Marx, que enxergam uma *décadence*[i] autofágica na condição presente – seja esta conhecida como **niilismo passivo** ou como **intensificação das contradições inerentes aos modos de produção erigidos**).

Não obstante, ao adensar a leitura de alguns excertos (*vide referência no final*), descubro *parecenças ainda mais graves* entre os dois autores alemães. Outras conexões, a despeito das razoáveis divergências, as quais também comentarei, incluem: a) a necessidade de refazer a Filosofia, principalmente a histórica nacional; b) o estágio atual da civilização carecer, na visão dos dois, de uma transcendência (para além do "sistema homem" acima citado); c) são póstumos – embora um mais do que o outro: *campeão de citações X campeão de incompreensões*, embora muito citar não seja muito compreender, já que o que de pior existe para Marx são seus sucessores que tentam reformular sua doutrina em bizarros *crossovers*[ii] liberal-socialistas. O resultado é a anulação do esforço teórico do patrono do socialismo científico[iii]; d) em uma espécie de sincretismo dos três itens prévios, a quarta e matadora verossimilhança entre Marx e Nietzsche: o acirramento insustentável de problemas que impelem o homem à criação do VERDADEIRO homem através da *sufocação dos ditames econômicos, um projeto ainda em curso*.

O binômio capitalista-operário é, em Marx, o degrau para o *homem-sujeito* iminente. Por enquanto, fetichizado, ele é tão-somente objeto. Outrossim, Nietzsche minimiza o homem atual, mera ponte (degrau) rumo ao supra-homem[iv]. É claro que há uma diferença grotesca aí: o homem-sujeito de Marx é um que se tornou forçosamente igual, coletivamente, por livre-arbítrio, por aprimoramento. Complementarmente, os múltiplos Zaratustras nietzscheanos são, cada um, modelos imponentes, sublimes e inimitáveis. De um sistema valorativo de que não é possível falar, não se fala; então ambos os pensadores (ativistas fica melhor) fazem muito bem em não comentar do outro lado inaudito estando todavia na ponte.

Não serei eu a efetuar um *crossover* entre o comunista realizado e o *Übermensch*, híbrido estéril, no que cairia no mesmo pântano imundo bem abaixo da ponte, em que se situam os **teóricos marxistas da escolha racional (MER)**[v], neoliberais com consciência pesada, reedições do Boy George, desta vez um barbudo pragmático[vi].

REFERÊNCIA BIBLIOGRÁFICA

CAVALCANTI, Luis Carlos & VERAS, Fábio. *A Propósito dos Marxistas da Escolha Racional*. In: *Revista Universidade e Sociedade* n. 20.

HARVEY, David. *Condição Pós-Moderna.*

MARX, Karl & ENGELS, Friedrich. *A Ideologia Alemã.*

MARX, Karl. *Contribuição à Crítica da Economia Política – Prefácio.*

NIETZSCHE, Friedrich. *Assim Falou Zaratustra.*
_____. *Genealogia da Moral.*

SANTOS, Jair Ferreira. *O que é Pós-Moderno?*

NOTAS

[i] Decadência, em latim, conforme Nietzsche adorava empregar.

[ii] O resultado da junção de dois elementos de universos diferentes. O termo é original das sagas de heróis das revistas em quadrinhos norte-americanas e resolvi empregá-lo aqui. Também é o nome de um gênero musical, híbrido entre o *hardcore punk* e o *thrash metal*. Para mais detalhes sobre a iniciativa que preconiza a coexistência do materialismo histórico e da escolha racional (doutrina burguês-conservadora) como forma de atualização dos postulados de Karl Marx frente à derrocada do socialismo como alternativa ao sistema da propriedade privada por excelência, *ver nota de rodapé número 5 (v).*

[iii] A esse propósito (a falência do ideal socialista como movimento de massa), cf. a Quarta Parte de CONDIÇÃO PÓS-MODERNA, de David Harvey (citado na bibliografia).

[iv] Desta vez não faço nenhuma alusão a revistas em quadrinhos. O superlativo em questão sequer é uma tradução unânime do alemão *Übermensch*, que descre-

veria a superação moral do homem apodrecido – o europeu colonizador cristão, em seu tipo-médio – contemporâneo de F. Nietzsche (1844-1900). Outros termos igualmente aceitos em português: *supra-homem, além-homem...*

[v] A anteriormente comentada escola de economistas, historiadores, cientistas políticos e filósofos cujo objetivo é "atualizar Marx", esquecendo-se de que a parte dos trabalhos de Marx que ainda se mantém viva o logra justamente por não sofrer interferências. Ao esterilizar a dialética hegel-marxiana intelectuais como Roemer, Jon Elster, Przeworsky e Cohen regressam à lógica clássica, onde não é possível criticar o capitalismo (o que parece, afinal, seu *intuito dissimulado*). Baseiam a outra ponta do esdrúxulo esforço mental em microfundamentos chamados *Dilema do Prisioneiro, subsistema da Teoria dos Jogos*, compilação de escolhas racionais eminentemente neoliberais.

[vi] Em O QUE É PÓS-MODERNO?, Jair Ferreira dos Santos define uma criatura andrógina que mescla os dois sexos e os dois estados de ânimo recorrentes no ser humano pós-moderno/niilista, alternações de melancolia esquizofrênica e euforia hedonista. O nome de batismo é referência a um cantor norte-americano da década de 80 de performances teatrais. Seu parente tupiniquim mais próximo é Ney Matogrosso. Pois bem: meu Boy George é um Marx que joga fora suas pretensões de medição de pontos de contradição do modo de produção vigente para lançar *cartilhas de como fazer sucesso*, portanto "um barbudo pragmático".

19 de março de 2008

#**Antropologia & Religião**
alteridade #**Psicologia** #estereótipos
#**Sociedade** #decadência

DITADURAS TÁCITAS

Sociologicamente, eu sou produto de várias circunstâncias raras. Proveniente de uma economia periférica, cidade grande, o fato inicial a causar espanto é o pouco apreço por situações que envolvam o ganho de muito dinheiro. É impossível aferir a exatidão da sentença, uma vez que jamais houve contato real com grandes somas de capital sem que fossem estas concessões paternas ou verossimilhantes. O mercado de trabalho me causa asco. Pode ser que eu padeça de incapacidade de adaptação aos preceitos da concorrência e do individualismo. Ser de uma economia periférica e de uma cidade que excede 1 milhão de habitantes acentua o desejo por amealhar capital em boa quantia. Aparentemente, integro uma chamativa exceção. Não por este aspecto, com certeza, é que hoje me classificaram como "peculiar", porém o juízo de valor acerca de minha pessoa e meu comportamento na universidade pública é procedente.

Genericamente, há nos lares de classe média da cidade de Brasília um acentuado planejamento paterno e materno visando à futura independência financeira do filho. Os pré-requisitos incluem estudar em escolas caras e uma das seguintes possibilidades: 1) a insistência da inscrição em cursos pré-vestibular caso a aprovação no único exame de instituição superior pública da cidade não se suceda após o fim regular dos estudos do aluno (o chamado ensino médio, cuja idade recomendada de complemento é 17 anos); 2) o ingresso do estudante em faculdade terceirizada, em cursos vistosos como Direito, Administração e Relações Internacionais. Creio que a ocorrência das possibilidades 1 ou 2 dependa fundamentalmente das influências que recaem sobre a percepção do chefe de família (aqui fica patente a figura eminentemente tradicional, em detrimento da recente ascensão feminina), que pode acreditar em um retorno a longo prazo após grande esforço ou na eficiência do próprio mercado de trabalho para lapidar o indivíduo (se o filho concluir mais cedo seus estudos poderá ingressar em um emprego especializado primeiro, e ganhar um salário é sinônimo de força e amadurecimento). Outro fator que afeta a decisão a ser tomada (que pode, ainda, ser em conjunto, envolvendo a opinião do concluinte do ensino médio) é o nível intelectual do objeto em questão, o filho. Dizer nível educacional seria equiparar todos aqueles que cursaram boas escolas como igualmente capazes e descartar qualquer aprovação de egressos da rede pública de ensino. Está claro que há diferenças internas indisfarçáveis, e que não é a escola que pré-define a sorte do indivíduo (as melhores escolas sofrem de problemas infra-estruturais intensos que podem ser o tema de uma incursão póstuma neste tipo de instituição na cidade). Em outras palavras, demonstrando-se inteligente o suficiente, há uma maior disposição do pai e da mãe de permitir que o aluno se dedique por mais tempo, sem remuneração e em franca dependência financeira (que implica tantas outras), à tentativa de admissão na universidade pública, que leva o nome da cidade. Caso seja evidente o pouco talento do indivíduo, faz-se o sacrifício de cobrir os estudos daquele por algo em torno de meia década. Os preços cobrados pelas faculdades particulares excedem em muito, em proporcionalidade, o constatado em uma série de países desenvolvidos, o que permite concluir-se que mesmo as famílias de classe média de uma cidade grande em um país periférico perpassem prolongados períodos de escassez monetária.

Outra característica relevante que eu gostaria de enumerar ao lado do planejamento dos estudos e da carreira dos mais novos (o que determina, em última instância, o futuro do país) é o interesse do brasiliense por carros, ou talvez sua posição passiva diante de um mandamento que antecede minha jovem capacidade de análise. O mandamento é "ter um automotor para efetivar seu direito à livre circulação", garantido pela Constituição, porém que exige o mérito (ou obrigação, de acordo com o senso comum) do indivíduo, que necessita chegar a uma estabilidade financeira suficiente para adquirir um veículo e mantê-lo abastecido. Tão inexorável ligação ajuda a entender um paradoxo da cidade grande do país periférico: pais usualmente apreciam – em realidade, causá-los-ia transtornos cavalares caso não houvesse – o êxito dos filhos nos testes que concedem a habilitação para conduzir carros aos que já tenham idade suficiente. Simultaneamente, é esta uma prática deveras onerosa para uma família da classe média típica. São pagos em torno de 500 reais até que o filho conclua o complexo processo de obtenção da licença de motorista. Os primeiros anos em que o jovem é agraciado com o documento são ainda mais dispendiosos para seu responsável (aquele que o remunera informalmente, até que possa ser considerado integrante do mercado). A aquisição de um carro exclusivo para uso do aprovado (novo ou usado), as multas obtidas em conduções imprudentes iniciais, os consertos das batidas, o combustível e outra cadeia de más-sortes respondem pela arrecadação, por parte do Estado, de um montante absurdo de dinheiro. Oficialmente, tais despesas não são consideradas impostos, sem embargo os governos prevêem com curiosa precisão a chegada de tais recursos a seus cofres.

Aprisionados pela vontade de ver seus filhos dirigindo (o que talvez seja um sinônimo de autonomia) antes mesmo de haver uma independência financeira usufruída pelos mesmos, ou quem sabe hipnotizados pelo pesado investimento em publicidade das montadoras e concessionárias de carros, os pais incorrem no erro que queriam evitar: o custeio das ações (costumeiramente erros) dos rebentos. Significa que por uma razoável quantidade de anos aqueles que se tornarem pais terão de, adequando-se ao modo de vida da cidade, financiar integralmente os descendentes, arcando sozinhos com o ônus de movimentar a economia e manter a subsistência (pouco acima do precário, em termos de bem-estar desejado, que está em um patamar incomensuravelmente mais elevado que o do bem-estar que seria estritamente necessário, ou que era há bastante tempo, de modo que agora já não faz mais sentido evocá-lo) de alguns membros da classe média do meio em questão (a cidade grande).

A Brasília de Niemeyer foi construída de modo que os lugares aonde se precisa ou se gostaria de ir fossem próximos uns dos outros, no caso do uso de carros, ou bastante distantes, à opção de locomoção a pé. O transporte público, teoricamente um substituto perfeito dos carros particulares, é ineficiente. Mais ineficiente do que em uma série de (senão todas as) cidades de menor porte dentro do mesmo país. Há a premência do uso do carro próprio – dada uma falha na distribuição da arrecadação de impostos local, que não se reflete na melhoria ou no funcionamento eficaz da frota do Estado – em detrimento de um combate à anomalia do sistema. Todos esses fatores se conjugam de forma explosiva. Contudo, deixarei as conseqüências pouco palatáveis da postura passiva da massa fora de discussão, ao menos aquelas de proporções respeitáveis. Ou seja: não me interessa problematizar a faceta do transporte falimentar brasiliense que prejudica um grande número de pessoas, as mesmas que perpetuam o prejuízo, mas levantar considerações acerca de uma minoria, a dos que, além da consciência do problema, tendem a não ignorá-lo no cotidiano, pondo em prática atitudes que, normalmente, são malvistas.

Como membro da sociedade, acima auto-classificado como "exceção", trato eu de – finalmente – explicar meu caso:

Ocupo vaga na universidade pública (uma nata, semi-independente, pois não dependo de exorbitantes recursos para obter o diploma – todavia, seria inadmissível, inaceitável, que eu não fosse aprovado nos exames da autoescola!). Muitos indivíduos posicionados em meu lugar seriam agraciados com um carro zero kilômetro ao serem acometidos por essa estranha conjunção de fatores (aprovação na universidade federal + gasto de meia milha de reais em exames estapafúrdios que servem para ratificar seu status de ser humano, vulgo possuidor de alguma coordenação motora e inteligência espacial mínima que nos levaram até onde nos encontramos – alguns diriam: lugar algum). É um costume difícil de ser alterado, mesmo que se tentasse, e não parece ser o caso. Sucede-se que abomino carros, por isso fiz questão de simular uma desaprovação na prova prática, auxiliada, no calendário, por adiamentos de aulas previamente marcadas, o que possibilitou a expiração de meu processo automotivo, que é anual. Consegui a enorme façanha de evitar que meu pai venha a custear novamente tamanhas insanidades, um ônus individual terrível (para mim, se bem compreendido), que se torna também um peso para toda a sociedade (não preciso ser específi-

co em termos de poluição ambiental, sonora, mortes e estresse crônico). Por mais que tenha tentado um jeito mais simples de escapar do dilema, quem passa pela minha experiência tem bastante noção de que pais inclinados ao amor incondicional por automotores têm a tendência de ignorar argumentos racionais provindos de cidadãos em postura ideológica antagônica a sua.

Por que pessoas como eu são espécies pós-modernas de Édipos-Reis, condenados perpetuamente ao volante, ao invés de furar os olhos? O formato da cidade, que permite o floreio de culturas hegemônicas, e o clima de poder onipresente (a localização próxima à esfera de onde são emitidas todas as decisões de relevância para o país, inclusive as que regulamentam o trânsito nacional) são duas respostas viáveis. A terceira é sem dúvida o golpe fatal na consciência dos que se encontram do meu lado: o fato de a juventude ser tão facilmente tragada pelos valores vigentes, pela coercitividade que não falha. Trata-se da <u>conversão do filho no pai</u>, ou seja, da transformação de uma individualidade libertária em uma adequada ao estado das coisas, vulgo "mundo dos detentores felizes de carros caros". A ambição, ou simples aversão à idéia de tornarem-se custeadores de outras vidas, provinda dos já sistematizados pais, acarreta que o filho oprimido, para se sentir melhor – em harmonia com a sociedade e a cidade –, prime pela identificação com a ética que tanto teme, pela qual nutre tanto ódio, presente simbolicamente nos progenitores: a do ***consumidor voraz***. O filho candango padrão quer se converter em um consumidor capaz de usufruir mercadorias por enquanto proibidas pelos pais e, principalmente, aquela que estes já puseram a sua disposição, como para estimular ainda mais o apetite, uma forma de *castigo tácito com requintes de crueldade* ("é isso e nada mais – se quiser ter direito a outras coisas, terá de se espelhar em nosso comportamento"). Chama-se, mais popular e sucintamente, coerção rumo ao mercado de trabalho, o que Guy Debord cita como a *"proletarização do mundo inteiro"*. O poder hodierno da publicidade, capacitada que é de convencer por meio de imagens perfeitas criadas em laboratório, amplifica exponencialmente o binômio carro-dinheiro e torna a equação extremamente provável. Eu sou uma exceção que a matemática não está à altura de explicar.

Afora especulações impossíveis de quebras de paradigmas para as quais a humanidade não está preparada (o carro tornou-se um vício, uma *extensão do corpo*, assim como o trabalho é o mais recente narcótico do urbanóide), há uma conclusão banal nesta dissertação: a cidade de Brasília apresenta graves problemas estruturais que não dizem respeito à renda média de seus moradores. Correção a tempo: o dinheiro, no caso, não é capaz de solucionar tais problemas, apenas de agravá-los, no que está, sim, relacionado, embora de maneira invertida, com as falhas endêmicas. Eu, como grave exceção, sou tratado pejorativamente pelas classes mantenedoras do método de circulação de indivíduos mais empregado na atualidade (usualmente, um carro com 5 assentos, 4 desocupados). Associa-se, paradoxalmente, tal comportamento ao fato de eu integrar o corpo discente da Universidade de Brasília, o baluarte da "*ditadura dos carros*", uma engrenagem essencial do sistema de "*motorização continuada dos mais novos dentro da população*", uma vez que impera, ainda, um estereótipo bastante distinto da realidade fática: a do comunista que cursa Humanas na universidade pública.

9 de março de 2008

#Filosofia #AforismosSábios #Nietzsche #niilismo #Música #HistóriadaMúsica

LEITURA DINÂMICA DO NIILISMO EUROPEU & FRAGMENTOS COM-SEM-SENTIDO-E-SENTIMENTO

O "niilismo supremo" nasce quando o desligamento esquizofrênico da realidade hiper-complexa onde não somos nem significamos nada perante o todo refinado, que cria um mundo-verdade para si, também já não serve mais ao indivíduo, pois seu engodo não pode auto-enganar-se. Há a auto-conscientização (pelo conhecimento acumulado, fica impossível de desmentir) de que a pessoa só tenta se criar um embuste, para fugir do que julga inatingível, inadequado ou apenas outro embuste, de modo que o embuste do embuste ou o embuste no embuste não vai funcionar. Retorna-se a uma concepção de realidade única, que porém não pode dar nenhuma sustância ao ser. Ele já quer abdicar. **O ser já não é ser.** Só não se mata (no coletivo, como ato socialmente relevante para pôr em perigo o espécime homem).

Porém sabe Nietzsche: o niilismo é a *crise da razão*. A perda de parâmetros tais quais finalidade, unidade e ser. Não significa que, sem estes signos, não possa ser encontrado o "sentido" (ou equivalente, sem a linguagem) válido para o dilema existencial. Significa apenas a abnegação prevista do Idealismo, do abstrato, do convencionado, bordado por Nietzsche em seu tempo. A perda de confiança no **método hegel-kantiano** (mais hegeliano, a dizer verdade) da separação pensamento-vida. Com uma nova fusão de ambos, a <u>ético-estetização</u>, haveria o Dioniso, haveria a dança, haveria o eterno retorno e o fim resultante desse meio.

O niilismo é o limite, é o tangível, do homem atual. Como negação de tudo, é a <u>negação</u>, é a consideração antitética, <u>da moral</u>. Porém a síntese fica de *outro lado*. Outro lado que não pode ser debatido aqui, neste paradigma, nesse sistema de valores. Porque há que se acometer (o ser humano) da transmutação ou transvaloração primeiro. O niilismo não passa de resposta ainda ligada à razão, à lógica, às tradições, à moral, do próprio abismo moral. A constatação da falta de sentido e a vontade de findar-se e querer fugir irrestritamente só pode ser explicada pelo desnorteamento provocado pela descrença na moral. Se por um lado ela não serve mais, não se descobrindo um substituto, tampouco sua falta pode servir, porque a falta lembra a presença, e na verdade a antítese ainda é muito a tese. É uma "derivação normal" do estado racional/moderno o que aqui se passa, Nietzsche subtitulou. Uma condição previsível. E o além-fronteira? O que se pode *falar de* uma transmutação previamente à transmutação? Zaratustra é o *raio-enunciador*. O que dizer do supra-homem? Ele não pode aparecer, na teoria, em forma direta? A teoria implicaria a possibilidade de seu surgimento prático, posto que não se está falando de nenhuma doutrina revolucionária nos termos da velha práxis de Marx. Para a transmutação deveria ser criada uma nova palavra. Ou melhor: para o fenômeno a que Nietzsche deu o nome de **transmutação**, ainda mais inadequado seria nomeá-lo *revolução*, até pelo histórico da desilusão que envolve a palavra, que permite rapidamente evocações niilistas a respeito da própria palavra, que permite constatar que qualquer *ação revolucionária* é natimorta, é *em vão*. Como revela Zaratustra, seus discípulos, sendo outros Zaratustras, não podem ser discípulos. Porque o aluno que sempre se mantiver aluno não superará o mestre. O supra-homem deveria ser a super-superação de Zaratustra. E não há nada descrito que se pareça com esse "filho do filho" (nós somos filhos de Zaratustra). Por tabela, aplicando-se-o aqui, não podemos ter idéia do... devir que devirá. É consolo suficiente o *eterno regresso*? Não consistirá ele noutra solução transvalorada? A edificação de novos valores, se momentaneamente tão turva, significa que *está ainda distante*. Para nós o eterno retorno ainda é niilismo e lógica niilista. Nada se pode dizer a respeito. A vida deve ser vivida, e o eterno retorno é de qualquer forma uma espécie de caminho...

A *espera* – jamais passiva – pelo supra-homem não se pode tornar a espera pela ressurreição de Jesus Cristo, simbolicamente. Por mais que as conseqüências fossem diferentes (e as primeiras legitimamente imprevisíveis desde que existe uma historiografia da civilização), o processo de chegada adquire contornos por demais parecidos se se lê Nietzsche errado e se ao invés da dilapidação da moral ocidental efetua-se unicamente uma transferência de crença/esperança (algo totalmente moral, totalmente inscrito na moral vigente, que, se não é sinônimo de niilismo em si, é no mínimo a senha para tal). Ainda nos encontramos na *margem do prólogo*, de dois séculos após o XIX. No entanto, não é este prazo arbitrário que me preocupa: trata-se das tentativas e consumações das tentativas. Afinal, o que são elas? Já começaram nalgum lugar? Ou já cessaram? O pior não é findar o prazo estabelecido por Nietzsche, mas um **esgotamento**, uma **exaustão**, até mesmo na etapa em que se deveriam galgar os esboços de um supra-homem, "o transmutado". Uma **barreira** que, a julgar pela opinião do autor em relação aos alemães, tende à **intransponibilidade**. O verdadeiro prazo é a *disposição de encará-lo*. Portanto, podem se tratar de términos sem um começo.

A moral é em última instância, pela sua supressão necessária, a *vontade de inexistência*.

(...)

"Se a existência tendesse a um fim, esse fim já teria sido atingido"

O Deus moral já foi morto; mas e um deus além do bem e do mal?

Extinguir a moral, protetora dos fracos por excelência, seria reaver a vontade de potência.

Extinguir a moral também extinguiria o niilismo, que é um sintoma de decadência.

Para o niilista desesperado, o eterno retorno não passa de um malogro perpétuo indizível. O eterno retorno só é adequado aos preparados para ele. Aos preparados para suportar a dor (o Cristianismo seria exatamente o pavor de qualquer dor, a vontade de não tocar em nada e de não ser tocado). O homem *verdadeiramente virtuoso*, o suprra-homem, não-homem, acolheria aprazivelmente a eternidade dentro da existência mortal.

Uma das causas do niilismo é a **ausência desta raça superior** (não entender etnológica nem darwinisticamente, por favor). N. cita Napoleão como o exemplo de um homem que susteve o **otimismo do homem quanto a si mesmo**, pelo menos no que concerne ao século em que N. pensava.

O egoísmo indisfarçável da massa, ou "rebanho", que tenta aplicar sua vontade de poder aos mais fortes, no que recebem, como contragolpe, reacionarismos que os fazem decair em niilismo, pode ser considerado outra razão da existência deste último (avatar do niilismo).

Note-se que mesmo "os mais fortes" do parágrafo acima não correspondem ao modelo de homem superior preconizado por Nietzsche. Significa que, vulneráveis ainda como são, tragados pela volúpia autodestrutiva do rebanho, imergem igualmente no niilismo.

(...)

Schopenhauer partiu do pressuposto equivocado – considerando-se não-cristão, tudo que fez foi "melhorar" Kant, se é que fazer o ruim em cima de conclusões precipitadas pode ser assim chamado, ao **culpabilizar o universo** de erro e mal supremos, para cujo paliativo restava a **minguada vontade da música** ou numa indiferença que não era nem estoicismo nem epicurismo, uma ética mundana de deixar viver e não ter filhos (budismo ascético)...

(...)

O pós-moderno em Nietzsche tem o nome de **idade trágica**: as duas tendências claramente apontadas por Jair Ferreira dos Santos estão aqui – 1) a tristeza que supera a alegria, o andróide melancólico; 2) a alegria que supera a tristeza (seu inverso, o hedonista, que não é menos niilista, pois apenas refuta a realidade inutilmente).

Ou para Nietzsche haverá um **agravamento**: são, estes dois, traços de uma condição mais extrema de niilismo ainda-por-vir.

Mas e o filósofo, que se *in*conforma com a falta de sentido para a vida? Não vê ele a necessidade de haver um fim? E não é ele uma profissão ou ocupação aceita, ou ao menos tolerada?

(...) o niilismo só é sentido pelos mais fortes de nosso tempo. É equivalente, quando extremo, a *uma maneira divina de pensar*. (...)

A civilização é estéril, o oposto da verdadeira Cultura. A sociedade, ou humanidade, é *mera abstração*.

(...)

Um livro que é claramente apenas um esboço, rascunho. Ainda assim, tal é a superioridade única de Nietzsche que dele hoje a humanidade precisa se servir, dos cacos do que seria a mais majestosa das obras.

(...)

A sensação que nos acompanha de que não executamos as coisas com perfeição está ligada ao desligamento (insalubre) dos instintos. Ao Idealismo e sua sombra. À moribundice. Seria a sociedade dos jogos essa recuperação? Eu diria que não, pelo pesado revés chamado automóvel. Somos científicos demais, e sem Gaia na equação. Compreender deveria ser um fim, não um meio – sem fim.

(...)

Décadence: gênio e charlatão na mesma pessoa. A continuação do *Caso Wagner* (em toda obra sua!): como combater o monstro que ele próprio criou.

Enunciação do Fim da Arte, da morte da criação de estilos. Sintomático disso, para ele, é que as mulheres estão gostando da música dramática, aprovam-na, clamam-na. E é justamente nesse ardor abobado que está todo o mal. Mulher não entende de música.

A música em si, propõe, não é, desde o começo, as óperas primevas, um reacionarismo à Renascença, ao espírito clássico, a síntese da *décadence* (próxima do Rococó – Romantismo em hipérbole)? Ora, Mozart e Beethoven são românticos na essência, e a ironia é que se os chamam de "clássicos", suas óperas são MÚSICA CLÁSSICA! O Clássico que prosperou no século XVIII, já na era moderna, anti-clássica!

(...)

A decadência não deve ser combatida. É natural e própria das culturas. Desde que se mantenha a saúde do indivíduo excepcional íntegra, a decadência é mesmo necessária, visando a um póstumo desabrochar e reelevação cultural. Os críticos invertem a relação: para eles o niilismo nascente é a *causa* da decadência. Mas o niilismo é só a conseqüência lógica da própria decadência.

(...)

Por conseguinte, a religião é a culpada da inversão dos instintos. Nietzsche foi um assassino antes da hora. (...) Mas será que Édipo consegue ser um animal? (...) Na cena do *Zaratustra* em que os sábios louvam o burro, quereria isso dizer que o supra-homem seria um animal? Não, não, não!...

(...)

O eterno retorno implica que este momento seu é todos os outros. Infinitos para trás e para a frente, se é que existe algum sentido em dizê-lo. *Tudo ao mesmo tempo agora*, seria a simplicidade da filosofia de Nietzsche, sem erros. A vivência em paralelo de novo e de novo pode ser resumida facilmente na atual, pois se não se conserva nada, se suas memórias vigentes são apenas o produto do universo em curso, que é o devir idêntico ao anterior-posterior, tem-se que é como se – e É! – se vivesse agora então para a eternidade.

(...)

Os impulsos impávidos de que se servirá o supra-homem ainda não tomaram consciência de si mesmos.

27 de fevereiro de 2008

#**Antropologia & Religião** #alteridade #ética #**Prosa Não-ficcional** #FimdeAmizades #loucura #**Sociedade** #MídiasDigitais

SOCIEDADE DO ESPETÁCULO E ENCONTROS CASUAIS

Boom. Sublimação. Da escravidão se fez o homem criativo. Do choro se fez a risada contemplativa. E eu estou vivo! Ao mesmo tempo banal e imprescindível a constatação.

O proletário do espetáculo diz...

...que o mundo é altamente curioso. Você conhece um zé altão, gordão, branquelão, que freqüentava tal balada. Porém, já deixou de lá pisar. Esse tempo já passou. Aquilo é para os fracos. Já estudara com a persona, todavia seguiram caminhos diferentes *a posteriori*. Estão fadados, os dois, a jamais se encontrar de novo. Até que uma nova informação contraditória da imprensa desminta o narrador onisciente. (?) QUEM ÉS TU?

Mesmo tendo um terceiro ponto em comum que ainda não se desvaneceu, que é a posse de uma vizinhança, é o óbvio ululante proclamar a distância longínqua de mil léguas entre ambos, uma vez que esquemas burocráticos hodiernamente vigentes fazem de vidas absurdamente análogas no espaço físico algo como dimensões paralelas nas considerações subjetivas do reino de significados e significantes de cada uma das almas em questão. O que quero dizer é que duas personas que já se conheciam podem viver em terrenos ridiculamente avizinhados sem sentirem a necessidade mútua de dar satisfações, de, sequer, se aperceberem.

O fato é que...

Nessa vida de encontros e desencontros (pense na etimologia da expressão) há interações sociais que fazemos por vontade própria (numa visão antideterminista exclusiva deste parágrafo deste post) que nos levam a encontros com estranhos, que podem ser ex-melhores amigos que se tornaram estranhos graças a nossa entrópica forma de lidar com um e outro.

Na *société* espetacular fundada pelo próprio Homem, que se vê refletido no **monstro gordo da civilização ocidental** (para os quais encontramos sinônimos tais quais **fim da História**, modo flexível de produção, **pós-modernidade** e até aquele menos obscuro "capitalismo"...), os desencontros e encontros são facilitados de tal maneira que **ao se digitar um sobrenome esquisito que ninguém tem, após anos sem a menor idéia de se a pessoa estava morta, paralítica ou em Wall Street, ela volta a morar perto de você.** Como num passe de... HAHA, hiper-realidade, uni-vos – e separai-vos de novo depois (como e quando e por quanto tempo for conveniente)!

O distante vira próximo e aconchegante mas logo tornará, dialeticamente, ao remoto e bisonho, quando naquele mar de amigos orkutianos a presença não for mais sentida.

Do que eu tiro que, neutra e imparcialmente considerando, sem emotividades robertocarlianas, **a contingência desta vida urbana, em que o tédio pode – e deve – imperar na maioria esmagadora dos dias, em alguns deles pode abrigar uma série improvável louvável de eventos que... valem a pena?!**

Você faz a apologia do fracasso. Da decadência do homem. Uma crítica superficial à sociedade superficial que no final redunda em sua aceitação!

Isso mesmo. Só não digo "pegou o espírito" porque você sempre esteve com ele.

Qualquer réplica marxiana a este post está fadada a ser apropriada pela Indústria Cultural. A rebeldia foi domesticada. A domesticação foi selvageada. Tanto é que eu me sinto numa floresta. Escrevo tantos textos, aqui de casa... Sinto-me um explorador.

De mortal passo a olimpiano subindo um elevador e ligando o computador.

Você acabou de pedir a atenção!

No MSN não me leram.

20 de fevereiro de 2008

#Filosofia #epistemologia #Prosa Não-ficcional

MACIOTA BEM-VINDA MACIOTA

(risadas) A ciência já não se leva a sério. É só a maciota de mil línguas se divertindo. A academia ainda está aberta, mas não por prepotência ou ignorância dos senhores. Está aberta para o carteado. Quem quiser se sentar está convidado.

É apenas que o tombo de quando se levava a sério foi tão acachapante que nenhuma crítica pode mais fazer mal. É um reino de sátira e auto-gozação supremas.

18 de fevereiro de 2008

#Antropologia & Religião #ética #Cinema #Filosofia #estética #marxismo #Psicologia

O NOSSO SEGREDO MAIS ÍNTIMO

Stu (Colin Farrell), em *Por Um Fio*, é o tipo ideal de *yuppie*. Esquizofrênico eególatra, é "bem-relacionado", mas isso porque ele reifica os outros seres humanos. Em contrapartida, seu ato robótico de retirar a aliança e seu apego à cabine, ao celular e ao terno italiano fazem dessas coisas suas "pessoas", onde encontra aceitação.

Com a telefonia móvel e o tráfego exacerbado de imagens, o tempo de giro do capital chega ao "piscar de olhos" (Harvey), o ideal dos burgueses (Marx). Eu exageraria de propósito: **o tempo de giro na verdade se extinguiu, tornando-se o lucro do capitalista algo simultâneo ao usufruto do produto por parte do cliente.**

Êxtase e Auto-glorificação

Frases publicitárias:
"As pessoas formam uma idéia de você, hoje em dia, em um décimo de segundo"
"Você deve fingir até conseguir"

É um jogo. Só nesta época alguém que sabe que vai morrer amanhã tem condições de pedir emprestadas fortunas que não irá pagar, porque este é o cúmulo do futuro descontado no presente e da confiança no invisível, no nada, que se torna o puro poder. Argumentos contra concepções esquizóides de que nada existe, além de no desconstrucionismo, esbarram na falta de qualquer explicação que elucide por que nada de material precisa continuar existindo daqui a 15 segundos e do zero nascerem impérios. O próprio sujeito, último porto cartesiano, é o não-ser que brinca de criar e destruir consciências (personalidades) a esmo.

Aquele desenho, *O Máscara*, é sintomático da Sociedade do Espetáculo e da necessidade de um *alter ego* fora da rotina estéril do trabalhador, que é na verdade alguém que é todas as psiques humanas projetáveis, não sem um sabor de *nonsense*. Sem esse "dom", *Stanley Ipkis* não é nada!

Assim como a internet não tem um centro (espaço), para ser "de todos", o fim do *acordo de Bretton Woods* (que atrelava todas as moedas mundiais ao dólar americano, até o fim da década de 80) demonstra que o controle das cotações das moedas, em aparente insegurança, dado que não dispõe mais de espaço físico estabelecido, está estabilizado pela diluição da "dependência de uma só base". É a garantia de que, se derrubarem duas torres no território ianque, por mais que dispare o dólar a economia mundial pelo menos ceder não irá.

Hoje não há equivalentes materiais (oficialmente falando) ao dinheiro, mas uma forma tida como invencível de resguardar o valor de uma fortuna é trocando-a por obras-de-arte. Dificilmente o tempo (a inflação e as mudanças de bens disponíveis) degradará tal valor, que será corrigido proporcionalmente.

Mas, para azedar (ou açucarar, para muitos!)...

CILA OU CARIBDE

Até quando? Se qualquer moral (mesmo o exemplar respeito à entidade chamada mãe) sublima, o que garante que o valor subjetivo/nostálgico de obras-de-arte originais vá se manter? E quanto à falsificação? Aliás, *O Homem Que Copiava* cai bem aqui: alguém que apenas copia dinheiro é tão rico quanto os outros. Porque ele, como diz a publicidade, finge e consegue. A mentira, ou língua macia, é a única verdade.

A sociedade ocidental tem em suas raízes o apreço cultural fundamental pelo membro que balança, que é o poder, que transferiu para terras, depois metais, depois papel e no fim nada. Porém tudo isso é na verdade o mais singular da Cultura: a linguagem. Mais que descritiva ou informativa, no embrião desta sociedade aprendeu-se que ela é enganadora e desinformativa, a bel prazer do emissor. Pela ilusão da aparência, de que *finge-se que está-lá* (o falo), *tem-se* o estar-lá. Eis o trunfo ocidental por excelência responsável por tudo: A MENTIRA. (Questione-se por que o falo se chama falo.) O primeiro homem que a usou para ser dono e chefe das coisas e pessoas é o protótipo perfeito de cada um de nós. Porém, no mito de nosso nascer, haverá, digo, terá havido, um homem que não soube mentir para cumprir seus desígnios? Só uma representação castrada e idílica.

11 de fevereiro de 2008

#Filosofia #existencialismo #Poesia

ESQUIZOFRENIA E A CARTILHA DO SUCESSO: ESPERANDO G...

É ridículo quando você se volta para si. E se vê como um Édipo. Um ser bizarro que não pode escapar da sua sina. Uma criatura escatológica. Exatamente como cada ser humano em seus domicílios podres. Não é mais questão de bem e de mal. De certo ou de errado. De ter em mente uma estratégia mais perfeita em busca da vitória. É um quadro de deficiências irrecuperáveis no indivíduo, bem entranhadas. Que apesar de explícitas após um tempo, não poderão ser combatidas. Desgraçadamente, ele só pode esperar. Que a sorte lhe sorria. Quando ela passa muito tempo sem dar notícias o esperante não tarda a considerar que as agruras que vive não têm limite no tempo e no espaço. Desde a tomada de consciência, e num suplício perpétuo que beira o absurdo, ali estava o Inferno. Descascado. Só que a sorte pode se manifestar de repente.

7 de janeiro de 2008

#Filosofia #existencialismo #Prosa Não-ficcional

DA PASSAGEM E DA CONTINGÊNCIA DA ESTADIA NO VAGÃO

Ora, sempre temos saudade. Às vezes de coisas que jamais fomos. É claro que um dia sentirei falta do mimo dos pais; mas ao mesmo tempo sinto a ausência de uma liberdade o oposto disso. Que mesmo se for sinônimo de passar fome eu não descarto. Quem senão eu para entender perfeitamente essas frases. "Eu estou aqui de passagem." Esse é um argumento, em uma discussão afetiva, tão forte quanto se dizer que possui dois olhos e um nariz, que me perdoem os que não tiverem. Todos estão aqui de passagem. E dada a contingência de nossas vidas é estúpida qualquer previsão linear. Filhos morrem antes dos pais. Todo dia eu penso, ora melindroso, vez em quando eufórico, na ocasião e nas circunstâncias da minha morte. Seria extremamente entediante não estar de passagem, ser imortal. Qualquer evento mais duradouro que segundos torna-se desgostoso ao ser humano. Gostaria, ao menos, enquanto durar, de ser tão frio com as mulheres quanto sou com a mãe. Sou do tipo que dentro do hábito domina os objetos. Eis um que me pertence há vinte anos. Os outros me escorregam pelas mãos.

Sobre a passagem contingente da vida, tenho algo mais a declarar: não tenho vontade de ter filhos. Mas, mesmo se tiver, é o caso de pensar bastante. Não vejo esse discurso explícito, porém se subentende que os filhos são a continuação dos pais. Antes de tudo, um nunca pode ser dois. Claro que algo tão patente, reflexivamente, não carece demonstrar. Todavia, na automação diária, as individualidades se desmancham. Pensaria muito antes de um filho, porque é uma responsabilidade imensa gerar mais um passageiro. Depende mais de uma futura consciência que de mim, portanto.

Estava num rancho buscando o sossego de que há meio decênio já não usufruía.

Êxtase e Auto-glorificação

Não obstante, meus planos não puderam com os reveses e contingências incontroláveis do convívio social. **Achei mais tensão do que harmonia.** Suportei dias seguidos, em quietude, choros de crianças anônimas, resmungos e **intermináveis maledicências direcionadas a quem não estava para se defender.** Mas se há dois discursos que funcionam como detonadores da minha dinamite são insinuações de pouco inteligentes a respeito da minha inteligência e um suposto desperdício desta, em primeiro plano, e apelos ao comentado discurso da passagem, usado covardemente por pessoas mais velhas, que se negam a reconhecer a não-linearidade da existência. Em resumo, **parece que meu passeio familiar-filosófico não tem êxito porque sou tratado como a mera continuação de duas vidas, que vocifera sem motivos, que irá morrer só depois dos progenitores e que, então, ao se ver só, se arrependerá de confrontos tão edipianos nesta etapa da vida.** O desgosto ainda tem destinatário indeterminado, devo outra vez, perturbadoramente, insinuar: pode ser qualquer um.

O fato é que tanto os fatos das viagens de janeiro quanto as especulações teóricas – sem cessar – me remetem a uma cadeia de questões relativas à morte. **Cada dia é um dia a menos, afinal, e a névoa é menos densa.** O que acharei de mim mesmo ao me olhar no espelho no dia da minha morte? Estarei desfigurado, num leito hospitalar, ou no – batizado socialmente como – auge?! Alguém contemplará minha transição ao nada? Nem me preocupo com a saudade que vou deixar – **tudo deixa saudades, mesmo estando** – ou com o dia do meu enterro, essas futilidades. Quero saber o preço que terei de pagar, fingindo que agora, na véspera dos meus vinte anos, ainda tenho tudo em minha conta, o valor zero em despesas. Cada vez mais perspectivas suicidas se afastam. Não só pela escassez de meios seguros mas pela completa e recente desmotivação promovida pela idéia. A tragédia, o sangue, fraturas de ossos, paralisias, vêm me comovendo de meses para cá. Ter conhecido um carro por dentro e ter lido e tido mais contato efetivo sobre e com a violência me tornaram num idiota tão cético quanto ao futuro quanto apegado à despropositada carne. Um misto de desinteresse mórbido e expectativa vazia me circunda. A combinação inusitada e reversa dos adjetivos com os substantivos foi proposital. Significa que eu sou humano, afinal. Descubro-me no paradoxo em que estão enredados o presidente da Coca-Cola Company e o caseiro aqui do rancho. Mergulhado na amargura diária, no *nunca-vai-mudar* ou no *só-pode-piorar* e simultaneamente naquela febre da bola-de-cristal. **Morrerei de fome? E qual é a relevância disso? A passagem será consumada.** Só que entramos no bonde de uma estação nula e descemos num vão amorfo, cagando, possivelmente, outros bilhetes sem destino ou origem.

Até que se esgote minha disposição de encerrar esta tomada devo puxar a orelha de alguém. De um passageiro que ditou certas coisas messiânicas e pulou pela janela, nem melhor nem pior do que outros. **Jean-Paul Sartre** comandou que dotássemos nossas vidas de sentido. Não existe a mínima possibilidade de *"espíritos livres"* (Nietzsche) como eu terem acesso à casa das máquinas, ou ao vagão do operador. Sacolejaremos aleatória ou fatalisticamente, até a descida. Pouco importa a bagagem de cada um. Este é o universal, o laço unidor, entre os seres humanos. O que me conforta, porque não temo a morte (só estou *curioso* sobre ela), e ao mesmo tempo rio de quem a teme e cuspo nos túmulos que vejo serem escavados. Ora, ora: quando o meu for, será ridículo demais imaginar, hoje, que eu pudesse acompanhar a cerimônia! A graça da vida é mesmo a contemplação. A Arte. O Dionísio. Enquanto se está vivo desdenha-se dos mortos. Em seguida... Não foi nada. Estamos sempre do melhor dos lados...

24 de dezembro de 2007

#Metalinguagem

VERBETE DO DICIONÁRIO IMAGINÁRIO SOBRE TEATRO GREGO PARA JOVENS CONTEMPORÂNEOS: *DEUX EX MACHINA*

O *Deus ex machina* parece ser uma estrutura ou personagem (ou parte da personalidade, ou apenas evento) conveniente para reviravoltas de outro modo inviáveis na trama. Seria um desembaraçador de problemas criados pela estória, que pela lógica dos elementos até então envolvidos não teria como ter solução. Este é um recurso bastante explorado na ficção contemporânea. Em **Dragon Ball Z** (uma mescla intrincada de determinismos e contingências), o guerreiro *saiyajin Goku*, sem mais possibilidades reais de vitória frente ao imperador do universo *Freeza* é afetado pelo surreal, o elemento *deus ex machina* da trama: a transformação no *super-saiyajin*. Nas situações convencionadas como "becos sem-saída", os autores adoram empregar o recurso do *D.E.M.* Vide, para esta própria produção, as situações de "quase morte" dos personagens, imediatamente contornadas por "aparições milagrosas" de outros guerreiros (como a supracitada aparição milagrosa de poderes especiais vindos aparentemente "do nada"), em uma tendência que varre de *Hollywood* à cultura japonesa. O uso abundante, contudo, causa enfado ao telespectador, que começa a prever fissuras em narrativas mal-feitas que exigem a intervenção corriqueira de deuses *ex machina*...

19 de setembro de 2007

#Poesia

PARA ONDE VÃO?

Pessoas sempre apressadinhas
com suas roupas engraçadas e estranhas
e o cabelo cortadinho
Para onde vão estes vermes?
Para a morte.

19 de agosto de 2007

#Antropologia & Religião #alteridade #ética #Psicologia #estereótipos

CIDADE, OU O FIM DO HORIZONTAL

Acabou o tête-a-tête (prazeroso) do ser humano. Toda a comunicação efetuada hoje nas cidades é constrangida

Num elevador, subindo sozinho, o usuário é surpreendido, já que seu andar é o sexto e durante a longa subida o trajeto perfeito da máquina é interrompido: chamaram do terceiro andar. A menina mais bonita do prédio. Não que fosse muito vista, pelo menos por ele. Coisa de vizinho. Mas ele já sabia dessa fama graças ao Orkut. Notou que ela era mais baixa do que aparentava pelas fotos, e tinha (mundana que é) espinhas! Não sabia como reagir. Que estranho, esse elevador. A menina queria ir do terceiro andar para a garagem e aquela máquina abriu sua porta, ainda que ciente de que o garoto ia para o sexto andar. Segundos inúteis de convivência entre dois estranhos. Ou será que não?

Encabulado, o jovem rapaz ensaia um início de aproximação: "Ham... Amanhã começa a estação das chuvas, né? Tá tão seco em Brasília... Notou como hoje o céu já tava meio preto?".

Três tortuosos segundos, preenchidos por uma coçada de ponta de nariz pela garota e um premonitório fechar de olhos, em que ela matuta a reação menos agressiva possível. No fim do pequeno grande intervalo entre a abordagem do garoto e a resposta verbal da menina...

– E daí?

É, não deveria mesmo ter havido essa aproximação. O engraçado é que poderia ter sido diferente. Esses estranhos do elevador... Poderia ter nascido uma amizade dali, mas não! Andar de elevador é como jogar dados. Quem sabe da próxima...

Na realidade esse "E daí?" não é muito comum. O natural seria uma resposta gentil, obviamente proporcional à repulsa que tal comentário despropositado, *nonsense*, inocente, descontextualizado, precipitado ou apenas chato ou bobo demais provocara no sistema nervoso da ouvinte. Normalmente não revelamos nossas impressões fidedignas para evitar o atrito. Tanto melhor se só precisarmos falar mal da pessoa para os outros e pelas costas. Evitar-se-á o desgaste e, melhor, continuar-se-á com o status de beldade adorável do condomínio, tão linda quanto meiga, inclusive para o idiotão do sexto andar!

Quando dois "velhos conhecidos" se entrecruzam nessa pequena sala normalmente equipada com lâmpadas brancas e um espelho, além de botões que nunca são iguais mas que sempre têm a mesma função, acontece aquele efusivo "Oi, rapaz! Quanto tempo!". E o assunto, tecnicamente falando, morre aí. "E aquela sua namorada?" "Ixe, tem seis meses já que terminamos... ... E aí, firmão lá no Direito?" "Pois é, só na ralação... hehe!" "Em que semestre cê tá mesmo?!" "Sexto..." "Ah, achava que era o quinto. Quase terminando, né?" "Pois é... hehe!...". O elevador chega ao seu destino. "Falou, cara! Vê se aparece, some não! Bom te ver, abraço!". O abraço não foi dado, mas é como se tivesse sido...

O elevador é o supra-sumo da vergonha cotidiana do estilo de vida vertical criado pela restrição de milhões de indivíduos, sem correlação ou atributos em comum, a pequenos blocos de concreto. Mas claro que existem outros ambientes de onde lições podem ser tiradas (Que lições? Talvez a de que seja melhor ficar calado, como constatou o pobre garoto cheio de iniciativa do começo do artigo):

Não tente puxar assunto com o caixa (Humano! Sim, ainda existem esses "lado B", alternativos, mais alternativos que os *horror movies* mais *trash*, devo dizer). Ele está ali para operações matemático-financeiras restritas ao seu bem-estar temporário, que dura algumas horas ou um mês inteiro (comprar uma comida no mercadinho ou pagar as contas). Não exija mais de um ser em ocupação pragmática que só quer as mesmas benesses que você – o capital para o pão e a luz.

O convívio com o professor já não é mais o mesmo. Apesar do debate sobre a iminente ou impossível (dependendo da corrente) substituição do professor pelas máquinas, o que poucos citam é que a **relação professor-aluno** não é a de décadas atrás. Naquelas salas de cursinho, lotadas, tudo que se quer é a *eficiência máxima*. Fala-se no microfone. **Falar no microfone tem propriedades divinas: a voz elevada, sobrenatural, que parece que vem do além.** Interrupções são poucas e não devem ser prolixas ou descontextualizadas. A censura dos colegas de classe costuma falar mais alto que o senso de curiosidade do ser humano (como se falasse no microfone para consciências remordidas). Há muito tempo que nossa vontade de saber das coisas já não é mais útil. Não somos mais homens das cavernas, grandes navegadores ou coisa do tipo... Em uma sala com mais de 60, 80 alunos, qual é a comunicação disponível para uma cabeça plena de dúvidas para tirar com o mentor da disciplina? O endereço eletrônico do cara, escrito no canto do quadro, é óbvio!

E o seu porteiro, você sabe pra que time ele torce? Ou quiçá onde ele mora, o que ele gosta de fazer? Se ele tem uma filha, se anda saindo com uma rapariga – ou com um cabra?! Se passou por um grave problema de saúde recentemente? Às vezes ele passou dois meses internado, sob as custas dos impostos que incidem sobre o bolso dos seus pais (logo, diretamente sobre *sua* vida), e você deu de ombros solenemente para tamanho sumiço! Quando o viu de novo, restabelecido, foi como se tudo tivesse durado apenas um dia. Não ficou sobressaltado, em nada surpreso. A única coisa que o faz procurar pela localização do sujeito é quando você perdeu a chave na rua e não tem como entrar. "Cadê o Humberto, abandonou mesmo a portaria? É um incompetente!" Seu Humberto estava salvando uma dona-de-casa desmaiada, num dos apartamentos... E quem quer saber? Você está 10 minutos atrasado, o jogo do seu time já começou!

Grandes lojas... Cheias de funcionários com frases ensaiadas. Na verdade você mal pode sentar à mesa do bar sem pedir um trago, só por sentar. Ou entrar numa loja de informática, num grande estabelecimento de vestuário, num *tennis shop*, sem ser importunado ("Olá senhor – *a pessoa é bem mais velha que você* –, o que deseja?" "Que suma da minha fuça, ora pois!" Brincadeira – não esqueça de NÃO gerar esse tipo de atrito!). Pessoalmente, sou a favor das banquinhas de jornal, ambiente bem familiar, se é que hoje família significa alguma coisa. Pena que elas fechem tão cedo: são vítimas contumazes da violência. **Violência vertical, de pessoas com quem você nunca trombou, ou se as viu na rua não lhes deu importância.** Claro, onde já se viu perder tempo com estorvos? Antigamente a única violência era horizontal. Você só apanhava ou era roubado por inimigos pessoais.

* * *

Os supermercados merecem até considerações especiais, lugar assegurado no desfecho do texto. Aquelas sacolinhas compactadas no fim da fila do caixa são para que riam, e não para outro fim, não é possível! Tanto é que você está sendo filmado (sorria!)... Sempre imagino meia dúzia de acionistas do Pão de Açúcar numa salinha cheia de TVs dando risada do cliente desajeitado que demora 30 segundos para embalar todas as suas compras...

E os mecanismos de constrangimento estão se aperfeiçoando num ritmo assustador. Uma lei aprovou a pesagem – ou melhor: *proibiu a não-pesagem* – do pão francês de cada dia. Tudo para afetar o bolso, o tempo e o leque de opções do consumidor. Sua liberdade, em suma.

E o queijo, não está mais nessa esquina? Os safados mudam a arrumação dos estoques sem, aparentemente, nenhuma logística. É um cômodo passatempo para as madrugadas, uma vez que esses lugares costumam funcionar 24 horas.

Lá dentro está frio (em excesso) quando fora está calor. E não necessariamente quente se lá fora impera o impiedoso inverno. É engraçada a regulagem da temperatura-ambiente...

Lá dentro, nos nômades estoques, o mais freqüente é acabar comprando biscoitos esfarelados, cerveja quente... Fora o problema da clonagem da conta nos caixas eletrônicos disponíveis por ali, à beira do caixa. "Se o cliente puder sacar seu dinheiro a alguns metros de nós, faturaremos muito mai$!" Eu só sei que uma quadrilha comprou uma moto em Goiás, 10 minutos depois do meu pai checar o saldo!

Já repararam, pobres crianças que adoram brincar de bate-bate no lugar errado, o pouco espaço para manobrar os carrinhos de compras diante de fileiras e fileiras de produtos e de clientes como nós nos quais nunca olhamos na cara – e por que o faríamos? Tem até propaganda de televisão que explora essa faceta das "colisões problemáticas", da interação mal-vinda entre A e B dentro de um espaço tão regido pela burocracia, tão frio e ausente de humanidade, embora tão aparentemente reconfortante e imponente: venha para o *Am-Pm* dos Postos Ipiranga, evite confusão. Um rapaz puxa papo com uma moça bonita num dos corredores. "Posso falar com você, dois minutinhos?" "Por quê?", a curiosidade da beldade se acende. "É que... Eu me perdi da minha namorada... E toda vez que eu falo com uma mulher bonita... Ela aparece..." "FELIPE!!" "Não falei?! Muito obrigado..." "De nada...". O entusiasmo da agora zonza moça foi por água abaixo.

Ainda não falei do caro que é uma lata de *Sustagem*, dos bêbados (classe média) ou dos pedintes nas cercanias do local. (Claro, quando você não é um desses dois, o que não caracteriza infortúnio algum – infortúnio é pararem seu caminho quando você se dirige a passadas largas para casa, cheio daqueles trambolhos, daquelas sacolas tão ruins de abrir! Ou seja, só em terceira pessoa é que se configura o incômodo. Beber na escadaria é um programão!) E que ódio que dá quando falta luz no seu bairro e fica aquele breu e aquele silêncio... cortado pelo barulho do gerador de energia do mercadão, que não pode, nunca, parar... O que é a inveja!

Os infelizes separam para as áreas de melhor visualização os produtos das marcas mais onerosas. Prefere o concorrente chinfrim? Vai procurar lá pelos fundos... Dia desses, inclusive, o rapaz que insere os pães no saco me fez pagar uma unidade a mais. Tem dia em que o cara da "padaria improvisada" me faz passar fome, porque coloca dois a menos.

Tirando esses detalhes (que você pode aprender a relevar depois de umas sessões – pagas – de ioga), a vida ficou ou não ficou mais confortável?

Aí é hora do leitor devolver: "Se eu acho que sim ou que não, o que vai mudar? Se o sr. blogueiro quer interromper o ócio mental em que mergulhamos na sociedade frenética vigente e nos colocar para pensar, qual a minha necessidade de louvar sua iniciativa? Pensar não dói? Seria razoável processá-lo, no lugar de embarcar em suas viagens. Ele provoca dor!" No final das contas, concordo com você. Tudo é bastante chato, e a verdade é que gostamos de problemas. Você vai comentar abaixo, me elogiar, me dar um pito, comentar do meu estilo, ou tão-somente me desprezar.

Mas, como a gostosa do elevador diria:
– E DAÍ, MEU CHAPA?!

30 de julho de 2007

#Antropologia & Religião #alteridade #Prosa Não-ficcional #amor

OS PLANISTAS: "Ninguém não tem preconceitos"

Não há pessoa, por civilizada e educada, que deixe de encerrar preconceitos. A educação muitas vezes serve para fundamentar o preconceito (em falácias, claro). É um instrumento ideológico poderoso que fortalece o elitista-xenófobo. Um gênero bastante conhecido deste é o jovem (entre 15 e 30 anos) alvo, do gênero masculino, do Plano Piloto, região de renda *per capita* excelente no Distrito Federal (tentáculos com possibilidade de se estender por Águas Claras, Lagos Sul e Norte, Sudoeste e até zonas mais estereotipadas como periferia como Taguatinga, como diria um boletim meteorológico mais radicalizado...). Mas afinal, do que um ser-médio como esse tem repulsa, aversão, nojo ou – o que é mais profundo, não é apenas uma reação imediata, mas algo reforçado no dia-a-dia pelas conversas com os pais, amigos e colegas – inveja mascarada pela empáfia? **Dos pobres do entorno.**

Inveja mascarada pela empáfia é o sentimento inerente do branco riquinho do P.P. quando descobre que existe felicidade sem materialismo. Uma felicidade muito maior e inalcançável para aquele que não aceita o desapego. Para não revelar sua fraqueza adquirida, finge-se superior. Em modos de se portar, em frases a disparar, em roupas a vestir, em carros a dirigir. Não, não, ele não consegue separar o joio do trigo. Se o assunto aqui é "felicidade sem dinheiro", o playboy deveria esquecer seu carrinho e seu sapato sei-lá-quê por um instante! Modo de falar e as coisas que fala: todos são retardados, por que o playboy é menos retardado que o periférico? Não, senhor! E por que o pobre é tão evitado, se o rico, no fundo, sabe disso? Porque ele vai trazer o ladrão! Porque ele arruinaria a vida de um rico, caso se afigurasse como uma pessoa do sexo oposto pela qual o rico sentisse atração e o irrecusável desejo de juntar os trapos. O "rico" tem medo de casar com o pobre e empobrecer. Zomba-se de colegas que eventualmente demonstrem sinais de quererem namorar alguém de classe mais baixa. Xenofobia. Fato é que namorar não é comprar uma casa para morarem juntos. A começar daí, já é preconceito.

Eu sou do Plano Piloto, mas não sou *planista*. Não me identifico com as pessoas daqui. **Tem até muito planista na favela. Planista é um termo mais amplo e mais restrito do que se imagina,** a princípio: isso, ao mesmo tempo!

Passei por uma experiência ridícula esta semana. Num rodízio de pizza, fui abordado (não há verbo mais apropriado, para um agir tão coercitivo da dupla) por meu vizinho e por um colega advogado (cursante, não-formado, e que odeia Roma, veja só você!) sobre uma tentativa – que eles pensam infrutífera, mas para mim está vivíssima, porque latente, de modo que um latente amanhã, nesses casos passionais, pode vir a ser algo concreto – de angariar relacionamento com "pessoa diferente". Eu, do Plano Piloto, mesma renda que o planista-médio, mas cabeça que funciona, por alguma razão, de modo totalmente antagônico a minha classe. Classe! Nem gosto de usar a palavra quando não estou apenas falando do preconceito, dos que USAM classe no vocabulário. Ela, do Jardim Ingá. Nunca a viram, não mostrei nem foto. Acho que esses dois nomes devem tê-los feito considerá-la uma espécie de empregadinha doméstica! Eis onde quero chegar: o que vem ao caso realmente é que no começo talvez você duvidasse que, ponderado e inteligível como é, encerrasse algum tipo de pré-conceito. Você casaria com uma empregada doméstica, homem? Você, mulher, casaria com um pedreiro? Pegaria um ônibus de mais de 1h (fora o tempo de esperá-lo na parada!) só para dar um beijo nele(a)? NÃO.

(...)

7 de julho de 2007

#Filosofia #HistóriadaFilosofia #niilismo #suicídio #Prosa Não-ficcional #Sociedade

"SOBRE" O NIILISTA NÃO-SUICIDA

Já leu *Cem Anos de Solidão*, de Gabriel García Márquez? O fim dos *Buendía* é o fim intelectual do homem que descobre e acredita no niilismo. Chega-se ao fim do trilho. Nada é mais doloroso do que constatar o paradoxo da existência. Do que esse limbo entre o natural (o instinto de sobrevivência, a vontade biológica de perpetuar a espécie e de conservar a vida no tempo) e a anulação da vontade de viver atingida pelo intelecto, possível apenas, por enquanto, no ser humano. Tenho vontade de encerrar o blog, mas só o encerrarei se encerrar a vida. Deveria haver um posto médico chamado "eutanásia niilista", onde uma injeção matasse o indivíduo indolormente. Indivíduos que deveriam apenas entrar, conversar com um especialista para que ele expusesse todas as conseqüências, para que averiguasse se aquela pessoa é realmente niilista, compreende o niilismo, e por último bastaria um SIM, sem mais delongas, para o fim. **A anulação da existência.** Como não há tal posto, a vida realmente fica complicada. Há, além dos instintos naturais, muita censura social em relação a atitudes depressivas e suicidas. É impossível falar o tempo todo aos amigos desse sentimento, é impraticável ter esse tipo de conversa com os pais, o que apenas perpetua o sofrimento, que deve ser mantido tão em segredo quanto possível, e a agonia do indivíduo, que precisa viver até que suas células já não agüentem mais o tranco. Maioria dos **suicídios amadores** (e todos o são, pois não há o posto médico para os partidários da eutanásia niilista, como eu expus) dá errado, ou é doloroso. Por isso a pessoa ainda refuga na hora da execução. **Seria tão fácil se as garantias fossem ilimitadas...**

O grande problema do homem é descobrir que não há sentido na vida. Que é uma contradição a condição de ser humano e, pior, o próprio homem descobre, em certo ponto, essa contradição. Quando a Humanidade incluiu essa descoberta em seu legado, mudou – para sempre. Deus está morto. Marx está morto. A razão está morta! **O ego está morto, basta querer.** Sem baluartes, sem mesmo o supra-homem de Nietzsche e sua "televisão", que você preferiu desligar, junto com a **sociedade do espetáculo**, só sobra o ímpeto de apagar-se.

É ultrajante a condição de querer e não fazer. É uma **agonia** que permanecerá até a morte do niilista. É como o noivo que pede a noiva em casamento e espera alguns segundos ou frações de segundo pelo tremular afirmativo de sua boca ou gestos que igualmente sinalizem o "sim". **Mas pense nessas frações de segundo como a vida inteira de uma pessoa:** uma **ansiedade cortante**, o imprevisto, o querer se matar e não poder, **será que um dia se matará**, será que um dia será criado um sentido para a existência, será que, o pior de tudo, esse **estado de dúvida plena** permanecerá até **a morte natural (não-suicida) do sujeito niilista?** Este texto é **perigoso, é!** Desculpe, mas poucos irão entender. Se você entendesse, você estaria na mesma situação de fim de trilho e de desamparo que eu. Por favor, para os que não entenderam, não chamem um psiquiatra, não liguem para o hospício, **não ensaiem discursos moralistas, pois eu sou amoral.** Apenas me deixem quieto e só. Ria, se for o caso, se não conseguir se conter. Mas **seja lacônico em suas considerações!**

Descobrir e ser **partidário do niilismo e do fatalismo, e ser impossível deixar de ser**, pois todo o resto é tão idiota quanto (a razão, Deus, o Estado e o ego, tudo isso é tão idiota quanto a desrazão, a falta da divindade, a ausência do Estado e o esmagamento do ego, pois o niilista **é o nada, é o zero, é tudo é a mesma coisa, e todas as coisas não são nada** – por que "existe-se"?), é como descobrir que todos vivem nas chamas do Inferno. A diferença é que o não-niilista não vê as chamas, não sente as chamas. O niilista passa a sentir a queimação. São chamas que não irão matar, apenas promover o suplício "eterno enquanto dure". E infelizmente o ser humano é equipado com um aparato animal que qualquer código genético encerra: somos impelidos a viver. A viver nas chamas, no suplício? **Ou são** as chamas, ou são as trevas. As trevas de deixar de existir. E o ser humano abomina essa idéia por igual. Acha-se importante. **Tantas gerações viveram antes dele sem nenhum prejuízo,** mas ele insiste em achar que *ele* é um **diferencial, que ele está no mundo** e não poderia ser diferente, que **a inexistência é a tragédia.** O esquecimento é, desde os gregos, aquilo que se deve evitar de todas as formas. A **ironia** é que o niilista entende que deixando-se ou não de viver, nada importa mesmo, ou mesmo que importe temporariamente o destino fatídico é, cedo ou tarde, cair no esquecimento completo, do qual durante a vida pretendemos fugir. Pode ser interpretado assim também o dia-a-dia do niilista: um corredor de uma maratona eterna, que não consegue esgotar suas energias, desmaiar; não lhe é permitido desistir, mas ele vai ficando cada vez mais estafado e o sofrimento é sua única companhia.

Como não pratiquei o suicídio, não entendo o mecanismo que leva um postulante ao mesmo a cometer ou não o ato pretendido. Dizer que "é porque há uma razão, que deve ser criada pelo ser, para continuar vivo" é presunção. Aquele que conseguiu morrer poderia ser enquadrado nisso. A diferença é que ele morreu, se livrou! **E eu?! E nós?** Nesse limbo terrível e maldito, de ser homem, de estar nas chamas e querer pular nas trevas, e não conseguir pular, e mesmo os que eventualmente pulem, tudo, tudo... Tudo redunda e é o NADA... Existimos?

Como disse, fecharia o blog se pudesse fechar todo o resto. O blog não será fechado, embora não haja o mínimo sentido em nada que é nele publicado. Não foi o primeiro, não será o último post.

23 de maio de 2007

#Cinema #cult #Futebol #Política #CrisedasDemocracias

LADRÕES DE PARABÓLICA, OU: Dos vários paradoxos que circundam o homem Berlusconi

Mais de meio século depois a depressão econômica deixou a Itália. A Itália é mais uma das duzentas nações pós-modernas do globo terrestre, dominada pela televisão. Tanto que elegeram presidente um dono de canal, Silvio Berlusconi. Nada mais quixotesco, infame, risível. Quixotesco porque, ao verem o erro que haviam cometido, tentaram lutar contra o mau governante usando a mídia, e isso é dar de cabeça no moinho.

Mas, mudando de entrevero, que tal falar da atualização dos famosos "ladrões de bicicleta", suposta alegoria (e quando podemos dizer que o cinema neo-realista é alegórico?) da situação de penúria na Itália da Segunda Guerra, presente na película homônima de Vittorio de Sica? Os ladrões de bicicleta roubavam bicicletas e tinham suas bicicletas roubadas. Todos eram pobres. Rico não anda de bicicleta. Se anda, não depende dela para ir trabalhar, nem a obtém roubando dos pobres (não pelos meios clássicos – ele "manda roubar", ele vem de seus suvenires!). Uma bicicleta vai passando de mão em mão até que quebre ou seja jogada no fundo de um lago, porque quase não há dinheiro para compra; quando um pobre a compra é porque vendeu até o cobertor do filho; e logo, logo ela troca de dono, na primeira esquina obscura – das muitas obscuras – da Milão daquele tempo. É o grotesco de ser a vítima e se ver praticando o ato facínora horas depois – e sendo apanhado. Se houvesse justiça, dir-se-ia, seria uma punição injusta.

Porém, assim como não existe uma Verdade – e a queda de Mussolini isso atesta –, também não existe uma Justiça, e fica por isso mesmo. Daí a classificação do dramalhão por trás de *Ladrões de Bicicleta* de De Sica (por trás, jamais explícito) como "neo-realista": é a reprodução – não menos artística, por isso – da realidade, sem cargas emotivas. Gerald Thomas diria que tudo é uma GREAT BULLSHIT, que a arte é desligada da realidade e falha em copiá-la. Mas fato é que o teor, a emoção, ou seja, a constatação dos roubos sucessivos de bicicletas como alegoria de um padrão endêmico social, não é obra do autor, é obra do espectador. Nossos olhos fazem Arte, ao diagnosticarem uma crítica social por trás de uma mera narração semi-estática (câmeras paradas pelas ruas, personagens se distanciando, saindo do foco e às vezes do próprio campo de visão), amoral e perfeita em sua singularidade.

A referida atualização dos *Ladrões de Bicicleta* aconteceu hoje, dia 23 de maio de 2007, nos mesmos domínios da Bota. E agora não há motivos para um "filme neo-neo-realista" (vulgo noticiário, embora um noticiário seja mil vezes mais sensacionalista que qualquer filme) chocar alguém. A civilização já perdeu seu resquício de moral e seus ideais. Cada um faz o que bem lhe convém, e nisso ele é apoiado pela ditadura de informações e torrente de imagens despejadas sobre si. Opa, Berlusconi aí de novo!

Fato é que passou, vindo das agências de notícias, trafegando pelos meios de reprodução, e aportando nos lares – e ninguém se deu conta. Ninguém se deu conta de que houve a reprise da série de furtos do filme de De Sica, com a diferença de que não é mais um veículo de duas rodas sem motor o objeto do roubo, isto é! Ninguém percebeu – e, se percebesse, daria de ombros. Muitos não perceberam porque não fazem idéia de quem seja De Sica. Outros tantos porque seu cinismo diário, erguido tijolo a tijolo, isolando-o dos sobressaltos característicos do bicho-homem, não tolera reflexão. Fato é que esta manhã, da data já referida na primeira linha do parágrafo anterior, um homem foi preso em flagrante de roubo. Carregava consigo uma antena parabólica. Seu intuito era assistir à decisão da *Liga dos Campeões da Europa*, o último suspiro da maior competição de clubes de futebol do planeta. Um dos times que chegou à final é o Milan, onde há jogadores de todas as nacionalidades.

Êxtase e Auto-glorificação

Essa globalização nos gramados deve explicar a seguinte cifra: a partida é televisionada todo ano para mais de 1 bilhão de pessoas. Muitos prestigiam o espetáculo sem uma preferência, pelo ideal utópico da contemplação imparcial. Já o homem em questão (o ladrão de parabólica) é milanês, torcedor convicto. O que dificultava seu intuito de acompanhar o time do coração e incentivou terminantemente seu ato desesperado foi o bloqueio estatal (estatal!) dos sinais da TV aberta de todos os moradores de sua cidadezinha. Em outras palavras, qualquer cidadão, dotado do livre acesso à informação e do pleno direito de se expressar perante a constituição, sem poder aquisitivo para instalar uma antena parabólica ou assinar canais a cabo no seu televisor, ficará na mão durante a exibição do jogo!

Na Itália mais neo-realista que já vi, o governo prepara o crime e o proletário – ops, *"consumidor latente"*, o que seria mais politicamente correto – o comete. Paralelamente ao personagem do filme, que teve sua bicicleta, instrumento de trabalho, usurpada não mais que de repente enquanto colava cartazes e se viu obrigado a repetir a indocilidade num bairro que parecia deserto e cujo único objeto exposto, a uma parede, era uma lustrosa bicicleta, o protagonista do neo-realismo das agências de notícia do dia 23 de maio de 2007 foi prejudicado pela mão do Estado e, quando pôs a própria mão na massa para consertar a situação e se dar bem (sem pensar nos outros, exatamente como cada um de seus pares, nós humanos), o mesmo Estado, na forma dos guardas, lá estava para exibi-lo às televisões (que ironicamente ele trouxe para si, sejam as abertas, as parabólicas ou as a cabo), num estilo grande-irmão, no pior sentido: "O homem com uma antena na mão", não é vergonhoso ler uma manchete dessas? Por que um homem roubaria uma antena?! Não estava roubando pão, não era miséria, era canalhice! Ele não tem motivos pra isso – ninguém tem! Quem imaginaria toda essa situação neo-surreal?

No desfecho da produção de De Sica, o roubado que se torna ladrão não é preso ou espancado até a morte. Talvez se assim filmasse De Sica fosse tachado de maquiavélico, frio, insensível. Ou o oposto: moralista! Ele odiava juízos de valor, não queria seu dedo na estória. Não queria apenas um enredo com *"happy end"* invertido. Seu enredo era a falta de enredo, tomadas tiradas ao acaso de uma família que se vê às voltas nem com o primeiro nem com o último de seus problemas. Pois então, mesmo que fosse até esperado, realisticamente, que depois de ser pego montado na bicicleta que encontrou quase sozinha o homem pudesse ser morto a bordoadas, pela sensação de que aquilo era panfletário demais, De Sica o tratou de evitar. Ao contrário: preferiu inserir ali um filho pequeno e algumas falas pouco boas dos homens, a primeira vez no filme que alguém despeja alguma lição de moral de modo explícito: "Vagabundo! E ainda rouba na frente do seu filho, que exemplo!". Ao roubado que virou ladrão resta a resignação, e o orgulho para sempre ferido, não por causa de outros adultos que o apanharam em flagrante, mas pelo testemunho da criança, do próprio filho. A prova (se é que se pode dizer prova) de que isso não é "construído" para virar uma fábula, a encerrar uma moral, de que é puro produto do acaso, é que o protagonista podia ter conseguido se safar dos perseguidores. E seu filho poderia ter pegado o bonde que seu pai mandara que ele pegasse minutos antes – e que não o fez por uma margem de segundos, porque o bonde saiu da estação antes que o menino chegasse... Na verdade o roubo poderia nem acontecer. Assim como o próprio filme. A película é, no final, uma daquelas peças com que topamos mais dia, menos dia – e temos o direito de achá-la ou não alegoria de algo maior. O ser humano tem muito disso: gosta de enaltecer as pequenas coisas.

Quer saber? Talvez o Milan ganhe – e talvez nosso ator (o neo-realismo proíbe as denominações "vítima" ou "herói") anônimo do roubo de uma antena parabólica consiga assistir à vitória: ouvi dizer que na cadeia tem uma parabólica e uma legião de torcedores.

E Berlusconi? Hoje ele não governa mais o país. Seu hobby predileto é, nestes tempos, gerenciar seu clube de futebol: *Associazione Calcio Milan*.

25 de abril de 2007

#**Cinema** #cult #**Filosofia** #AforismosSábios #estética #niilismo

GOSTO NÃO SE DISCUTE, SE IMPÕE!

Alguns imbecis diriam que gosto não se discute; mas o mais forte e o mais belo tem sempre o direito de impor seu gosto. "O direito" significa: o poder. O poder é a legitimidade, ele cria a legitimidade, não existe justiça isenta, nem a cristã. Aliás, tanto menos a cristã. Hoje uma elite decadente estabelece os gostos. Depois de séculos sem alternativa moral à "supremacia do bem" burguesa, a explicação niilista-profana do mundo é flagrada em franca ascenção

(...)

Embora ainda não o saibamos (no geral), o suicídio de Hitler foi o fim da era cristã!

(...)

Neo-realismo italiano x Hollywood

Mortais contra deuses. Integridade contra calúnia. Rua contra estúdio. Sol contra luz técnica. Simplicidade contra armas *hi-tec*. Câmera tremida e queda da quarta parede contra isenção. Deformados contra botox. Idéias contra vacuidade. Recursos escassos contra...

14 de março de 2007

#**Prosa Não-ficcional** #autoimagem #juventude

HOJE

(...) Um jeito surrealista de ser: as vontades do momento são as expressas nos sonhos de cada noite; o texto concebido no momento é o escrito, sem nada de métrica, divisão em introdução, desenvolvimento e conclusão. Deixemos fluir (apenas com uma revisão no final, que tire erros grotescos). Pensava que podia planejar tudo em minha vida. Que tudo não passaria de uma rotina sem-graça de um cara organizado. Até os sentimentos obedeceriam cronômetros. Hora de casar, hora de ter filhos, hora de ser mais ébrio, hora de se trancar em casa, ano de ver mais futebol, dia de ir em show de rock, dia para queimar planejando o mar de dias que estaria por vir. (...) Hoje tenho uma energia infinita. Amanhã não sei. Mas não queria que os eventos desencadeados hoje tivessem uma interrupção. É cruel e desalentador. Cruel como tirar doce de criança. Hoje eu estou sociável para quem merece, ferino para quem fez por onde, sublime na espontaneidade, amando tudo que me acontece! (...)

Sentia-me com um quê (dois quês, três quês...) de robô. Um ser robótico, correndo atrás do inalcançável, uma idéia ingênua e imbecil de perfeição, uma burocratização que partia de dentro para fora e se revoltava quando o exterior (e isso é a vida – está tudo mudando e bem rápido!) é que se antecipava e armava cronogramas. (...)

Eu sempre soube daquilo e não quis admitir. Agora as coisas ruins que acontecem nem me machucam. Machucam na hora, claro, retificando-me, mas aí é só se erguer e continuar. Não são ferimentos mortais, que demoram para cicatrizar. Eu tinha constantes "lutos de soldado capado". Dava vontade de me capar quando O MUNDO conspirava para que EU não fizesse algo que EU planejei com antecedência de MESES e que não previra que seria DIFÍCIL de realizar porque NAQUELE dia o mundo estaria DE PERNAS PARA O AR...

1º de março de 2007

#**Prosa Não-ficcional** #autoimagem #depressão #juventude #megalomania

O COMPLEXO DO SUPERIOR: Carnaval Infernal III

Cava. Cava. Cava. E desfaz-se o véu, não mais que de repente. E pensar que o suplício infernal havia começado na sexta-feira pré-carnavalesca e prosseguido, indefinidamente, até os primeiros dias de jejum da quarentena. Indefinidamente com dia definido? Simples, meu caro: a pessoa encarcerada não fazia idéia de quando seu *habeas corpus* chegaria. Imagine a angústia de um preso purgatório por não saber se no segundo que vem a porta será aberta pelo capataz – ou quem sabe só semana que vem, jamais, ou nunca antes de se descobrir uma forma de suicídio dentro de uma cela no próprio Mundo dos Mortos onde não há nenhum instrumento eficaz, onde sequer o oxigênio precisa ser inalado, onde a matéria é incorruptível. Digo, morta para sempre.

Imagine também a alegria de ver, após alguns dias, esse dia chegar. O dia em que a porta é aberta e pode-se ver que é dia, pois não está mais tão escuro. E algo mais crepita além do fogo. Talvez se esteja falando aqui de outro fogo, pois a humanidade e suas quinquilharias continuam apáticas como sempre: o fogo interior. Sobrevivo ao Réquiem.

Descobre-se que tudo não passava de tola conspiração. O mundo, nessa zona periférica de almas, não se encontra preparado para receber superiores, os mentes-fortes. Seu tosco mecanismo de auto-defesa apenas engana uma parcela desse tipo de ser, e não por todo o tempo, com espelhos mentirosos que dizem: "Eu sou incapaz de me adaptar a essa vida, eu sou um fracasso, por mais que lute eu não passo de um abaixo da média. Não há mais socorro. E todos sabem de minha condição". A verdade é que ninguém sabe de condição alguma, não se precisa de nenhum socorro, é-se muito superior à média (que é, aliás, rente ao chão), tem-se a noção errada do que seria fracasso ou adaptação. Adaptação nem sempre é boa coisa, aliás, quase nunca. É risível um "escravo adaptado". Fracasso de quem? Do explorador ou do explorado, se o explorado não obedece os comandos?

Quando a porta do purgatório se abriu viu-se claramente que a realidade era inversa à imaginada na cela/caixa-preta: é-se superior. Tão superior que não se é percebido como tal e que esses trâmites mesquinhos por que os bebês têm de passar não podem ser enfrentados. Porque se forem rebaixarão o ser supremo. Porque não passam de eventos simplificadores da cabeça. Tudo que fazem é imbecilizar. Isso para a nata. Para o pobretão, é um treinamento. Para quê treinamento se já se mestra?

Chuta-se, em seguida, tudo aquilo que um dia pareceu gigante e aterrorizou. Ri-se. Infla-se o ego novamente, talvez mais inflado do que antes. Disso resulta que o fracasso foi coletivo, não individual. E já estava lá antes do ser supremo vir ao mundo. Vir ao mundo, não da sua cela imunda. Acaso o confundiram com algum deficiente?

Por vários dias (para causar algum dano real teria de ser por período maior!) tentou-se infligir ao ser supremo a maior dor, a dor que só ele pode se causar, a dor da culpa e da sensação de inferioridade, psicológica. Ora, se se é superior sabe-se que a farsa dos fracos não pode durar muito. Quando finalmente é desmascarada, percebe-se o sofrimento técnico e o sofrimento passional como sendo partes de uma mesma engrenagem. Uma engrenagem deplorável, como pôde pegá-lo, se funciona quase parando?

Aqueles que disseram: "você é suscetível, covarde, fogo de palha". Aqueles que demonstraram: "Patético, você! Incapaz das coisas que aprendemos em nossos primeiros anos aqui na Terra". Aqueles que insinuaram: "posso brincar com você, e nada me acontecerá". Aqueles que não aparecem e por isso mesmo se pensa: "não é gente para aqui pisar". Aquela voz interior – equivocada – que concordava com todas essas mal-criações dos fraquinhos. Todos estes calam a boca. Ou continuam falando e não sabem que falam sozinhos agora. O Inferno era sustentado por um mero aquecedor. E ele pifou.

Grande é aquele que não se curva mais ao senso comum para agradar ninguém, pois nenhum benfazejo alheio, por mais que se agreguem, inclusive, todos eles, resulta em coisa melhor do que o benfazejo próprio. A segurança e o destemor do ser superior.

A quanta cretinice e auto-humilhação foi submetido um ser que, isolado, faz da civilização uma entidade fantasmagórica, em contraste à potência de si. Aqueles que pensaram que a burocracia poderia enredá-lo... Aqueles que o subjugam pois o sustentam e dele não querem o amor, querem só o saldo... Aqueles que interpretam que apatia terceira é sinônimo de querer-ser-um-tapete... Aqueles que pensam que há uma contradição diante de si... Todos eles ajudaram a fazer o Inferno, no entanto sem perceber. Pois se houvessem de perceber, saberiam que ele emperrou. Não sabem e vão prosseguir. Contudo, o mesmo golpe sujo e extremamente baixo não poderá ser aplicado com êxito duas vezes no ser superior. Finalmente ele atingiu sua robustez mental. Coitadinhos dos outros...

28 de fevereiro de 2007

#**Prosa Não-ficcional** #autoimagem #depressão #juventude

RÉQUIEM DO ESPÍRITO

É difícil de se conformar, eu sei. Mas cheguei ao fim da linha. Antes do fim biológico, o fim da alma, o apagar da chama que sustenta nossa garra. O que é um ser humano sem garra para correr atrás de suas metas? Metas? Metafísica. É tudo que importa para mim agora: de onde e como veio parar nesta Terra o maldito ser humano. Pouco importa para onde vai o *Homo sapiens* ou minha trajetória meramente física. A espiritual já findou. Volto a perguntar: metas? objetivos? se são tão patéticos, agora, depois da morte interior, nem merecem ser assim chamados. Que tal "caprichos irrealizáveis"?

A civilização não está perdida. Quem é padrão pode sobreviver, nos dois sentidos. Tem gente que, ainda que pudesse viver duzentos anos biologicamente, continuaria a ter algo para queimar em seu espírito. Gente que está sempre motivada em algum assunto, que não fica em paz na cadeira de balanço. Minha vida, espiritualmente falando, consumiu-se em dezoito curtos anos. Estou morto por dentro, esperando o relógio biológico, esperando a funcionalidade esplêndida e pré-programada do meu organismo, se dar conta do ocorrido. Quero os dois relógios juntos. Estar morto-vivo não é muito agradável...

Rafael de Araújo Aguiar (1988-2007)

20 de fevereiro de 2007

#**Prosa Não-ficcional** #autoimagem #depressão #juventude

CARNAVAL INFERNAL I

O Carnaval é meu inferno astral. Não importa se ele veio em meados de fevereiro ou invadindo março. Uma vez instalado, na verdade sou eu quem estou instalado. Instalado numa prisão de segurança máxima sem vigias (aparentes), o purgatório. É obrigatória a minha estada nesse canto insalubre por pelo menos um punhado de dias anuais. Não sei por que minha biologia opta sempre por essa festa cristã contaminada pelo teor moleque tupiniquim para se castigar. Seria um retiro, se eu pudesse ficar imóvel e pensar. Refletir tudo aquilo que passou desde a última temporada intra-muros rebeldes. O problema é que estou numa atmosfera cujo detentor não gosta que pensamentos fluam. O meu se perde. Há alguma coisa no ar que não cheira bem e trava meus movimentos psicológicos. Esse é o inferno. O inferno mental.

A boa notícia, que um carrasco me mandaria, se cá houvesse algum (porque no purgatório já estamos, supostamente, mortos), seria: você vai ressuscitar em quatro dias. Isso significa voltar ao mundo real canibal, que no entanto permite a maior flexibilidade de pensamentos, para aqueles que sabem utilizá-la. É mais interessante encarar esses quatro dias como a Odisséia a que temos direito, nós pobres civis imersos na Lei, na Língua, no amor moderno desde que nascemos. Entendi, eu acho, o cheiro que deixa essa atmosfera purgatórica insalubre: alguém se movimenta por detrás das sombras para me prejudicar. Meu algoz anual. O que deve querer de mim?

Rafael de Araújo Aguiar é um contumaz fugitivo do inferno, apesar de não acreditar em um.

2 de fevereiro de 2007

#Psicologia #estereótipos #Sociedade #decadência

CARRO, PRA QUE CARRO?

Quando há o ônibus, a maravilha coletiva! Calor humano, passagens mais em conta que galões de gasolina, um barulho gostoso, conversas para se atualizar caso não tenha havido tempo de ler o jornal (aliás, você pode ler o jornal!), nada de preocupações como "onde foi que eu deixei aquela maldita chave?", a certeza de que sempre haverá uma vaga, porque o ponto é um local dinâmico e onde não há flanelinhas enchendo a paciência, a opção pelo *MP3 player* ou falar no celular sem multa, a impossibilidade prática de ser multado por pardais (ônibus, com tanta massa falida, dificilmente passam de 80km/h), fora a despreocupação com roubos de som. E tem mais: se quebrar, não é você que leva no mecânico, e o passageiro pode descer pedindo a devolução do "ingresso" (direitos do consumidor); ver os carros de cima; xingar no anonimato; treinar o equilíbrio; desenvolver os músculos das pernas; praticar o uso do varal de sua casa ao puxar a cordinha; paquerar; fornicar; (!) e, é óbvio, nunca se irritar com motoristas de ônibus no trânsito, porque, sabemos, a irritação depende do referencial, e só odeia o motorista quem está do lado de fora!

Vai um vale aí?

30 de janeiro de 2007

#**Cinema** #cult #violência #**Filosofia** #existencialismo #**Sociedade** decadência

ELEPHANT, DE GUS VAN SANT

Devo blasfemar alguém que arrumou meu quarto sem o devido cuidado (e com "sem o devido cuidado" entenda: sem minha autorização)? Devo culpar-me a mim mesmo? Talvez se puser a culpa na cretina da escola. Ou quem sabe essas pastas e esses plásticos de inserir papéis mil, pouco confiáveis. Sim, um desses entes leva a incumbência de explicar o sumiço de uma resenha que fiz há cerca de um ano e meio sobre o filme *Elephant*, de Gus Van Sant. Ó, não... Se não me falha a memória, foi a professora G., que provavelmente gostou tanto que ficou com o manuscrito original![1]

---

[1] *(P.S. 20/05/21)* Eu me formei no ensino médio em 2005. Foi neste ano que assisti o filme e fiz a resenha para a aula de Artes Visuais.

Êxtase e Auto-glorificação

Se minha intuição é ou não das melhores para apontar homicidas de idéias ou seqüestradores de resenhas, não sei ao certo. Mas é bom que confiem no meu senso quando o assunto é um bom filme: *Elephant* cumpre todos os requisitos e merece ser o primeiro analisado em, curiosamente, um ano e meio de vida, também, do querido *X-TudoTudo*.

****

Elephant (Elefante). Estados Unidos, 2003. Colorido. 81 minutos. Direção e roteiro de Gus Van Sant. Elenco composto por atores amadores, entre eles Alex Frost, Eric Deulen, John Robinson. Drama. Warner.
****

Elefante (não refletiremos aqui sobre a origem do nome, mas deve ser enaltecido o fato de finalmente não terem mexido no título da obra estrangeira na localização para o Português) pode ser tomado como um *remake* ficcional do massacre de Columbine, famoso crime de uma dupla de adolescentes que transformou uma manhã banal de estudos em inferno e depois se suicidaram, episódio que insiste em reaparecer esporadicamente envolto em nova roupagem em algum canto dos Estados Unidos da América. Não se trata de uma recriação documental, ou seja, o diretor não compilou os dados da tragédia mencionada e modelou seus personagens de acordo com as fichas da polícia e dos jornais. Tal reconstrução teve um grau de liberdade impressionante e o ambiente pelo qual se optou foi a *Portland High School*, no estado de Oregon. O que permite associar *Elephant* tão claramente ao massacre de Columbine, além das declarações de Gus Van, é que os adolescentes assassinos executaram seus atos de forma premeditada, com armas adquiridas em lojas sem endereço físico que não exigiam mais do que um número de cartão de crédito para a concretização do negócio, e que cultuavam o nazismo, o qual pareciam conhecer apenas superficialmente, entre outros elementos do *background*. Nuances mais consideráveis para efeito de conversa foram completamente imaginadas por Gus Van do zero (quanto aos nomes, Alex e Eric, os infratores fictícios, assim como os demais do elenco, conservam seus vocativos reais).

Como credencial, *Elephant* apresenta o "ar cult" apreciado por cada vez mais dos ditos cinéfilos politizados. Verba modesta, um *cast* sem estrelas, script "cabeça" e, para coroar as características anteriores, reconhecimento: Elefante levou a *Palma de Ouro* e rendeu o prêmio de Melhor Diretor a seu mentor no *Festival de Cannes de 2003*.

O principal recurso utilizado para se contar a estória é eliminar qualquer apego entre o expectador e personagens em específico. Todos possuem a mesma importância na medida em que os eventos da manhã escolar vão sendo mostrados sem compromisso cronológico, cada vez de uma perspectiva diferente. Nenhuma ação é mais glorificante que a outra, ninguém recebe luzes, câmeras e *takes* por mais tempo. Todos são meros alunos reprisando suas vidas corriqueiras: a nerd, as patricinhas, o casal mais bonito da escola, a invejosa, o descontraído, os engajados, quem vive um péssimo dia (está de castigo e não irá sair à noite) e quem tem problemas (pai bêbado; colegas de turma que, enquanto o professor responde uma pergunta capciosa de um deles, viram-se para arremessar ovos num rapaz que sequer tem trejeitos de estudioso e que, aliás, senta na última carteira da classe; bulímicas que se encontram no banheiro na hora do intervalo, etc.).

Portanto, ao mostrar-se alguns dos minutos dos garotos em círculo, o expectador imerge em certa letargia. Não é enfadonho, e sim excitante justamente por se saber que um filme nunca tem a pretensão de ser enfadonho por si só. As longas tomadas com a tranqüila passada dos jovens pelos corredores monumentais da instituição instigam mais do que chateiam. A ânsia pela seqüência que quebrará o ritmo moroso da narrativa sustenta os minutos iniciais.

Êxtase e Auto-glorificação

Quando as câmeras saem da escola elas vão diretamente para a casa de um caucasiano, loiro, alto, onde está sendo servido o café da manhã. Os consumidores são este e seu pressuposto melhor amigo, que já tem intimidade suficiente com a mãe do primeiro para criticar a omelete que está sendo servida. Seja porque não se importam com o desempenho letivo do filho tanto assim ou porque pensavam que fosse semana de provas e os rapazes se deslocariam somente mais tarde para o colégio, os pais vão trabalhar e ignoram a indolência com que ambos trancafiam-se no quarto. Assistem a filmes goebbelianos, fazem o gesto popularizado por Hitler, louvam a bandeira do Terceiro Reich e, finalmente, atendem à campainha para receber a entrega do dia: rifles e automáticas, além de muita munição. Não foi a primeira compra do tipo para os garotos, que sempre usaram o *ebay* para conseguir o que há 10 anos só seria possível acompanhados de um maior de idade, numa loja física.

A dupla de estudantes é deslocada socialmente. Muito por isso, acabam experimentando um beijo homossexual na ducha do chuveiro. Descarregam no porta-malas do carro malas e mochilas com todo um arsenal e partem aparentemente para seu último passeio: quanto aos outros alunos da escola, quem poderia imaginar que naquele dia aconteceria uma experiência repleta de sangue fora do laboratório de ciências? A dupla de atiradores planejou o ataque com antecedência, de posse da planta das instalações. Mais do que descontar sua fúria pelo status de incompreendidos em seu meio ou pelos professores e diretor negligentes, suas motivações parecem ser mais esquizofrênicas, desconectadas de qualquer causa exterior facilmente assinalável. Entram armados na escola e começam a matar um por um todos que vêem, sem o menor critério. Não é um ato político no sentido tradicional. Tampouco uma vendeta. Seu ato está mais para uma súbita síndrome de deus.

Entre as cenas finais, que não precisam ser escrutinadas na matéria, atos heróicos, pedidos de clemência, fatalidades que viram risadas, escapadas por um fio e um desfecho infantilizado (no sentido mais desconcertante da palavra: um escabroso infantilismo que contrasta nitidamente com a gravidade do que se passa na tela): a chacina termina com um dos atiradores, que matara seu amigo há meros instantes, entoando um macabro *uni-duni-tê* para decidir quem do casal modelo da escola que havia se escondido no frigorífico da cantina ele vai matar primeiro, na frente do outro.

A mágica está em que Gus Van Sant se aproxima dos expectadores jovens por abdicar de estereótipos e na sua ponderada decisão de não atribuir a reação extrema dos anti-sociais reprimidos a *algo em particular*.

A responsabilidade pela tragédia deve ser diluída entre Estado, família, educadores, o mercado, a sociedade americana como um todo, a mídia. É injusto imputar todo o ônus a pais desatentos ou a "sandices" como jogos de tiro, os besteiróis veiculados pela TV paga ou mesmo à psicose. Mesmo que um dos atiradores, ou ambos, sejam psicopatas, no que isso muda? Eles vivem em sociedade, e só porque seu ato prescinde de explicação não significa que nasceram de mentes inerentemente perturbadas – ou teríamos de dizer que alguns seres humanos deviam ser condenados à cadeira elétrica desde o instante em que nasceram – e como chegar a essa conclusão se, até que se prove o contrário, qualquer pessoa é capaz de qualquer coisa até o último dia de sua vida na Terra? Um anti-armamentista mais inflamado ou então um crítico veemente da cultura ocidental ou do tardo-capitalismo poderia declarar, de forma gratuita, que esse fenômeno só se dá nos EUA, o que é mentira.

Se o cinema *mainstream* é entretenimento, a obra de Gus Van Sant é "refletir antes de apontar dedos".

* * *

POST-SCRIPTUM: Onde eu vi esse filme, o que dele falaram após a sessão...

...foi exatamente que o dano provocado pelos maus elementos (que seriam, claramente, de má índole, "do Satanás", ignorando, os emissores de tal discurso, qualquer noção de direito ou de moral mundana, pós-Inquisição) era reversível mediante o desligamento de aparelhos insidiosos como "o *Nintendo* e o computador sempre conectados". Suas caras ao ditar suas hipócritas verdades denotavam nojo. Não entendi! Cara de nojo tais "educadoras" deveriam exprimir ao fitar o espelho!

A imbecilidade sem-tamanho de duas representantes do corpo docente da rede pública de ensino me deixa profundamente preocupado com o futuro do Brasil. As autoras das suspeitas infundadas são, pois, as professoras de artes plásticas e artes cênicas G. e C., que atuam[1] no *Centro Educacional Gisno*. Típicas figuras anti-tecnológicas de visão essencialista, incapazes de acompanhar a velocidade dos fatos... Muito já se disse sobre "Vamos respeitar os mais velhos, outra geração, outros valores"... Mas para mim esse discurso só fez sentido, justamente, até a geração dessas professoras. Não devemos difamar nem caluniar. Expor sobrenomes, dados pessoais para além da primeira letra do primeiro nome. Devemos criticar, com justificativas consistentes. E, mesmo enquanto alunos, teoricamente "indefesos", oferecer o contraponto, não nos constranger em pensar de modo manifestamente diferente. Ousar dizer o que os submissos não dizem nunca: as professoras veicularam um filme sobre a juventude, que não entendem, para que os jovens compreendessem a *"juventude transviada"* de hoje em dia – mas quem melhor que os jovens para, partindo do ponto de vista correto, isto é, não banalizando culpados, entenderem a si próprios?!

[1] (P.S. 20/05/21) Atuavam. Podemos estar certos de que 16 anos depois não mais atuam, devido ao freqüente rodízio entre escolas na carreira do magistério – e a possibilidade de já se haverem aposentado.

O mais curioso é que, a despeito da pouca leitura e do excesso de sessões de cinema, maioria desses aficionados fundamentalistas da sétima arte não sabe analisar uma obra cult do gênero drama como *Elephant*! Pessoas que adoram o audiovisual sob pretexto de fugir das páginas inanimadas cheias de sinais gráficos inertes e insípidos, atenção: o que é rápido, complicado e móvel precisa de base (mais estática, mais linear, e que respeite ritmos individuais de apreciação mais do que o ritmo um tanto "imperativo" de um longa-metragem) para ser finalmente compreendido em toda sua extensão e dinamismo. Gus Van Sant, vê-se muito bem, seria um professor muito melhor. Como serão os nossos dedicados professores de um futuro distante, e até de um futuro mais ou menos próximo?

Rafael de Araújo Aguiar cursa[va] jornalismo, aprecia a Arte e não sente saudades das disciplinas de artes do ensino médio.

* * *

Prosa Não-ficcional #autoimagem #depressão #juventude #**Psicologia** #estereótipos

TIMIDEZ...

...é como a fimose, uma pele! Uma pele que não adianta esticar na marra, pois só vai revelar o conteúdo interior (sexual ou não!) com jeitinho, e no caso da introspecção humana ainda não inventaram uma cirurgia, enquanto que os egípcios já sabiam operar o membro masculino há 5 mil anos!

Igor diz:

Preciso fazer uma revolução em mim mesmo... Acabar com essa besteira de timidez! Só fiquei pensando: "Nossa, como eu perdi tempo!"

O Blogmaster diz:

Na verdade não há cura para a timidez. Mesmo que as pessoas não o reconheçam mais como tímido, sempre haverá uma turbulência interna. Muitas pessoas nem notam como eu fico facilmente envergonhado, como eu me embaraço facilmente diante de determinadas circunstâncias! Ainda assim, eu sempre sinto aquele calor interno, aquela pele que gostaria de se esticar para fora, o que se verifica socialmente impossível. Por mais que para os outros minhas atitudes tenham um ar de normalidade, continuo sentindo aquela pontinha de inveja de quem parece se manter em equilíbrio emocional internamente falando. Pontinha, apenas uma pontinha!

Igor diz:

Mas então, qual é a solução para pelo menos não me atrapalhar tanto?

O Blogmaster diz:

Como eu dizia, apenas cheguei a um nível em que, ao menos, não é tão fácil que outros percebam meus momentos de maior hesitação ou insegurança (e muitas vezes a timidez não tem a ver com essas duas coisas, perceba!). Terceiros necessitam de sinais mais claros, enquanto só eu sei meus verdadeiros limites, a divisa entre o "à vontade" e o "hehehe, eu queria estar mais relaxado agora, mas que droga!", uma frustração – felizmente – efêmera.

Mas a timidez é boa também, senão não teríamos coisas como a autocensura e o senso do ridículo! Recomendo que se aprenda a viver com ela. Deve-se aceitá-la e não amaldiçoá-la como um sinal de inferioridade. É uma característica que muda as relações sociais em alguns aspectos para seus detentores, mas e daí? Não é um monstro, algo que deva ser combatido com todas as forças, até porque isso equivale a esmurrar ponta de faca. Tudo bem, um dia você pode ser convocado para o *BBB* e perder todo esse nervosismo em público de vez – quem sabe! Enquanto não acontecer, pés no chão, tolerância consigo próprio e um lembrete: "Ninguém tem vergonha de ser feliz!".

28 de janeiro de 2007

#**Prosa Não-ficcional** #amor #depressão #**Sociedade** #MídiasDigitais

AMOR: SINGULAR?

Michelle diz:

Estou tão bem.

O Blogmaster diz:

Não posso dizer o mesmo. Acabei de ficar mal. Comecei a ler algumas coisas... Não se trata de inveja, longe de mim. Quero mais é que sejam felizes, que quase tudo ali seja verdade. Do que estou falando? De *testimonials*, de depoimentos desse site de relacionamentos chamado Orkut. Espero que os dois pombinhos fiquem juntos para sempre, com muita sinceridade no coração, mas em certo ponto espero que eles estejam errados. Um amigo meu não está mais na cidade. Seu longo namoro, no entanto, não exibe motivos para ser abruptamente terminado. A relação será conservada à distância. Reitero: tomara que sobreviva! Estava varando (poderia dizer folheando, mas o Orkut ainda não existe na versão papel, e eu tampouco quero esgotar o cartucho de minha impressora dando vazão para aquele fundo azul) por três telas cheias dos depoimentos mais carinhosos, acompanhando a evolução, retroativamente, de cálidos sentimentos. Pelo jeito, continuarão mesmo fiéis, não só um ao outro, mas a seus ideais. Não se aprisionarão nessa relação. Jamais se arrependerão da escolha que fizeram. Olharão para o dedo da mão e sorrirão ao prestigiar aquele anel de compromisso assegurado e asseverado a cada novo alô e novo *scrap*. **Não obstante, o amor único é uma abstração ou procede?**

Não entremos no mérito de "é algo plantado pelas telenovelas e obras ficcionais em geral, pois o ser humano não foi projetado para isso". Teríamos de rever nossos conceitos de democracia e tantos mais, imediatamente; e não pretendo uma discussão tão ampla. **Se é plantado pela mídia ou não, procede que uma pessoa passe a vida toda esperando alguém e, se ela tiver toda a paciência e cuidado do mundo, ain-**

da serão poucos para a eventualidade do jarro se quebrar?

O amor único, o amor-maior, o grande amor da minha vida, é uma coisa que eu não posso perder, caso contrário ficarei sem chão, incomodado até o dia de minha morte? Tirando do âmbito pessoal, visto que é um problema da Humanidade: **o amor único da vida de alguém é algo que não se pode perder, pois do contrário ficar-se-á sem piso ou apoio permanentemente, irrevogavelmente?**

Será que eu – voltando à análise pessoal para que dissequemos a questão e, então, cada um compare com seu caso, ou o dos outros (estamos aqui para os outros, também!) – nunca vi, e se visse não deixaria escapar? Outra coisa que se insere na questão: **há livre-arbítrio? Se há esse amor, ele se realizará?** Afinal, se é a minha amada para toda uma vida, eu também sou o amado para a vida dela, e seria severa injúria que dois corações abandonassem o mundo partidos! Ou seja: **mais que o medo de perder o amor da vida quando se o encontra, será possível que não há fuga dele, que se é o grande amor ele sempre se concretiza?** Empiricamente, jamais saberemos. Outros podem reescrever o dicionário (na verdade criando esse "verbete composto") com a definição "GRANDE AMOR é... o amor que dá certo".

E se não for exatamente desse jeito? Quem perde não terá mais a mesma vivacidade, nunca?! E por que motivo alguém teria dois amores e outros nenhum? E se eu já vivi o meu único amor, era aquele, e no momento estou na minha própria pós-história, porquanto ele virou farelo e eu não passo de uma simples capa?

Parece que quanto mais esforço faço para me abrir, engolir meu orgulho e minhas preferências pessoais a fim de conhecer novas e interessantes pessoas, mais o casulo reage se fechando, me protegendo, mas também evitando que eu conheça o perigo mais saudável: o amor!

17 de dezembro de 2006

#Futebol #Libertadores #Sociedade #decadência

MERDA AMARELA, PARTE II?

A Majestade faleceu. Quantas vezes eu repeti? Vocês mantiveram os aparelhos funcionando, mas eu, o oráculo, avisei que não ia adiantar manter essa vida vegetativa por meses assim, debalde!

Exultai a Vossa Majestade Sul-Americana, o futebol-arte que é o Rei verdadeiro. (...) Ah, quantas vezes repeti. Sequer colorados acreditavam. Vocês são patéticos, completamente patéticos. O Ronaldinho é um zumbi, nunca jogou bola esse menino. (...)

Aliás, outras pessoas que sabem bastante são esses comentaristas. Fácil falar besteira sem calcular as conseqüências. Não serão desmentidos, não terão comissão amortizada. É fácil, outrossim, dizer que o São Paulo ano passado escolheu a preparação errada e ganhou jogando mal, levando três gols. Vamos lembrar que na primeira partida o Inter também foi sufocado, que o São Paulo ganhou do Liverpool e isso significa ser tão melhor quanto o Inter foi em relação ao Barça e que aqueles três gols anulados estavam todos *claramente impedidos*. É mais fácil ainda falar mal do Romário, essa múmia de 4 décadas que se arrasta em campo em busca de supostos "gols sem significado", correto?!? Quão desalmados e quão enganados estão esses boleirinhos brasileiros, ou boleiros brasileirinhos!

Vão falar mal do Guga, que fez milagre num país que não investe no tênis? Vão esquecer os ídolos? Vão chamar o Ronaldo de gordo? Não entendo por que idolatram o pior de todos, esse da máscara da expressão de contente que subitamente cai. E não foi a primeira vez, nem mesmo esse ano, vamos lembrar!

Sabe, talvez Senna tenha morrido na hora certa. Se dependesse do nível de exigência desses comentaristas esportivos hipócritas, ele decerto se tornaria um novo Barrichello em tempo mais recorde que a melhor volta em Mônaco na chuva!

1º de dezembro de 2006

#**Antropologia & Religião** #mitologia #**Filosofia** #epistemologia

PLUTÃO NO BANCO DOS RÉUS: Côsmico ou Cómico?

Um fato que já está envelhecendo em termos jornalísticos (sempre a maldita pressa atrás do furo) não pode passar incólume pelo *X-TudoTudo*: "O Julgamento de Plutão", um episódio à parte na trama da novela do horário nobre chamada Sistema Solar:

Apresentemos o réu: eufemismo para Hades, Rei dos Infernos, do submundo, mundo dos mortos, das riquezas. Um dos deuses primogenitais. Irmão de outros colossais homenageados no mesmo sistema, Júpiter e Netuno, além do nanico Ceres. Vesta e Juno moram distantes. Tem histórico mulherengo e é capaz inclusive de seqüestrar as futuras namoradas nos redutos familiares.

Apresentemos o crime: passou-se por alguém mais temerário do que era de fato. Houve tempos em que pronunciar Hades era considerado uma afronta, daí terem encontrado este apelido de Plutão para o líder do país para onde vão todos os do necrotério com exceção do coveiro. Por mais de meio século o meliante insinuou ser um dos grandes, um dos poucos que mereciam ser homenageados no elenco do Sistema Solar. As autoridades viram que havia algo errado quando corpos celestes mais corpulentos começaram a aparecer aos montes, sem a "marra" do sujeitinho em questão. Logo, ou os agraciados passavam à casa das dezenas, ou Plutão perdia seus poderes e o título de planeta, passando a invejar os demais oito, incluindo os dois irmãos. Fratricídio à vista?

Apresentemos o júri: um conselho de duas milhas e meia de astrônomos super-importantes do mundo terreno, o único biologicamente sustentável das cercanias.

E o veredito?

CULPADO! Plutão é condenado a viver como planeta-anão, marginalizado na "sociedade intergaláctica", excluído das benesses burguesas. O júri entendeu que sua postura anti-social (sua órbita era muito esquisita) não era proporcional à estatura. Que se recolha ao seu inferninho!

Contexto histórico: o julgamento ocorreu numa era anárquica em que os tribunais começavam a ser questionados como balança eficiente da Justiça. Com a punição de Plutão se desenha um novo quadro em que acima de certa linha (o caso presente) todo e qualquer réu será absolvido e, abaixo da mesma linha, todo réu será punido com prerrogativas suficientemente fortes: **criou-se a primeira jurisprudência em escala literalmente *solar*!** Nunca mais as metáforas dos jurisconsultos terão o mesmo *brilho* de outrora! À *luz* dessa informação, fique sabendo que a Inquisição sideral não aceita recurso! Cacem as bruxas-planetas!

Mas atenção!

Ainda há um cartaz de procurado na parede da ala central da sede do Conselho Astronômico que julgou o caso: *MOST WANTED*: o marqueteiro que ampliou tanto assim a imagem de Plutão e o transformou numa figura temida do Inferno aos Céus. Quando for encontrado e julgado, provavelmente será jogado na mesma masmorra que Goebbels: estamos falando de (*Bonnie?*) Clyde Tombaugh, o infame descobridor deste corpo que orbita em torno do Astro-Rei, no longínquo 1930! Alguém tem notícias dele lá no Hades?! Ei, espera aí...

30 de novembro de 2006

#Metalinguagem

O JOALHEIRO E O JORNALISTA

E se eu equiparasse uma profissão meramente técnica com uma aparentemente mais livre, solta, subjetiva? Joalheiros são escritores, e a recíproca também é verdadeira. O que me leva a tal "absurdo"?

Certo fim de semana comprometi meus óculos. Rompi a solda de uma das hastes da armação. Não tinha mais o parafuso para prendê-la. A ótica não faz esse tipo de serviço. A ótica só VENDE óculos novos, caros por sinal, afora o tempo que eu precisaria aguardar sem meus utensílios favoritos, em casa, cego para coisas triviais como ver televisão. O que parecia ser um beco sem-saída revelou uma única solução viável: desembolsar quinze reais, misturar-me naquela gentalha do Conjunto Nacional e requisitar ao joalheiro/ourives: "conjure meus velhos óculos de volta dos mortos!".

Fiquei ali, poucos mas intensos minutos, observando como aquele homenzinho, sentado o dia todo numa cadeira, engastava com toda a precisão aquelas peças de acetato, com detalhes tão mínimos, a princípio invisíveis para a vista humana. Forjava daqui, aparafusava dali, derramava uma cola especial num ponto, torcia outro com um alicate. Tudo estritamente técnico: ele não pode inventar muito; se escapar demais dos rituais de sempre a obra não será terminada, ou não de uma forma satisfatória. Espantei-me ao constatar que a haste parecia ser mais parte integrante daqueles óculos do que jamais fôra assim que ele terminou. Aquela ótica devia contratá-lo! Agradeci, paguei, e no caminho de volta para casa, de novo no meio da multidão que vendia DVDs piratas e anunciava calcinhas em liquidação aos berros, veio a presente reflexão: com o jornalista não é diferente.

Quem vê de fora pensa que somos sujeitos que escrevem o que pensam, que têm independência e liberdade jamais constatadas em outros setores, donos do próprio nariz, incomparáveis às classes dos médicos e advogados. *Laissez faire, laissez passer*. Deixe a criatividade fluir, o editor fará passar. Jornalistas, na outra mão, são mais realistas: na melhor das hipóteses, o superior manda de volta sem bravatas: "reescreva". Uma das primeiras lições que se aprende no curso de comunicação é: não se apegue demais a seus textos. O melhor jornalista é o mais "encarcerado", o mais técnico, o mais joalheiro. Escrever, apesar de parecer uma atividade tão ampla (e de fato o é, porém estamos divagando sobre os *mass media*), que permite infinitas possibilidades para cada linha, é a mesma coisa que soldar uma haste de óculos: tudo bem que permite a construção de artigos de diferentes formatos, mas os limites do possível são bem estreitos. As restrições começam pela impessoalidade: jamais esta crônica poderia ser considerada um artigo jornalístico, pelo menos não neste século! Depois, mais e mais proibições vão se acumulando, de modo que mesmo o melhor dos escritores se sentirá podado, desestimulado, de auto-estima baixa para prosseguir. Ah sim, pelo menos virá o dinheiro no fim do mês (isso se o jornal não estiver em crise, se não for daquelas redações que dão até barata...).

Não à toa, o sociólogo Pierre Bourdieu gosta de usar a analogia de "óculos para cada profissão". Os óculos dos jornalistas são mais pesados que os outros, a responsabilidade social é grande. Não só o grau precisa estar correto como as hastes em dia...

* * *

#**Antropologia & Religião** #mitologia #**Filosofia** #AforismosSábios #metafísica #Platão

OS MESTRES DA VERDADE NA GRÉCIA ARCAICA

***

DETIENNE, Marcel. *Prefácio, I – Verdade e Sociedade, II – A Memória do Poeta, IV – A Ambigüidade da Palavra, V – O Processo de Laicização. In: Os Mestres da Verdade na Grécia Arcaica.* Rio de Janeiro: Jorge Zahar Editor, 1989.

***

O corrente trabalho discorrerá sobre a obra supracitada. Inicialmente, apesar de sempre dosarmos explicações da obra e a crítica literária, será dado enfoque às informações que concernem aos capítulos acima destacados de *Mêstres da Verdade na Grécia Arcaica*. Tal será feito para que o leitor não se perca diante de tantas referências (vocábulos, personalidades e momentos históricos do mundo helênico). Comentários acerca da realização do trabalho em si, no que tange à coerência textual, formalidade, nível de interesse, objetividade, cumprimento do que o autor se propôs a responder e outros, estarão, portanto, reservados ao trecho final.

Detienne principia discorrendo sobre as várias acepções da palavra "*mestre*". Destacamos as três mais difundidas: *governador, professor ou possuidor*. Como o título da publicação permite entrever, o objetivo é denotar a existência de *Mestres da Verdade*, ou seja, seres especiais com a faculdade de conhecer a realidade, as forças que deram origem ao cosmo, os valores por trás dos objetos e até como as coisas findam (o destino). Seres capazes de transmitir esta verdade – se absoluta, se relativa – a seus congêneres, de influenciar na construção de uma civilização, de uma humanidade. Mais do que isso, a proposta é decidir pelo *ceticismo* atual que prega a impossibilidade prática da verdade ou pelo *romantismo* da imediata obtenção de respostas cosmogônicas. Ou melhor: jamais decidir, apenas *mostrar* como essas ambivalências são ao mesmo tempo antitéticas e complementares, retratar o processo de substituição gradual de uma pela outra e preencher esse vão misterioso: *o que se deu antes da consolidação do conceito mais moderno de verdade – fundado na razão – e não depois, outrossim, da derrocada do sistema mítico da Aletheia*.[1]

[1] Termo grego que, sinteticamente, significa "a busca pela verdade". Não só a Verdade como a conhecemos, mas a *jornada* necessária até ela, inerente a ela mesma, o seu sinuoso e labiríntico caminho.

Pois bem: quanto às três classes de "mestres" existentes, o primeiro, o governador, manipularia a verdade buscando a manutenção do poder, jamais despertando a ira do povo; o segundo, o professor, não deixa de exercer uma função manipuladora – muito pelo contrário –, já que ensina ao aluno aquilo que lhe convenha e dessa maneira constrói uma aura de autoridade do saber; o terceiro mestre, o "dono" da verdade em si, não seria alguém que a distorcesse para enganar a massa ou um seleto grupo de aprendizes, mas uma criatura abençoada que tivesse acesso direto à *Aletheia*, uma espécie de transição entre os mortais e os deuses do Olimpo, estes últimos sabedores irrestritos da Verdade. Logo se verá que esses "posseiros" são os *poetas da era pré-socrática*.

Após introduzir esses três tipos de mestres o autor especula se não somos herdeiros da cultura mais avançada que teria habitado a Terra. Nenhum povo, àquele tempo ou em qualquer outro, poderia evoluir de tal forma no conhecimento, na tentativa de obtenção da verdade? Quiçá circunstâncias favoráveis e únicas pairaram sobre as delimitações dos *demoi* (agrupamentos humanos) helênicos. Mas pode não ser bem assim: abandonando o prefácio com essa sensação, o leitor se depara, no Capítulo II, com a equiparação tecida entre a cultura grega, a asiática e a muçulmana, cujas origens são semelhantes (a criação de mitos, os quais podemos dizer que se diferenciavam tão-somente pelos nomes das personagens, mas não em estrutura). O Ocidente hodierno sem dúvida foi fundado na Grécia Antiga. Somos espelhos daquela sociedade. O que se mantém nebuloso é o porquê de os gregos terem executado esse *salto do mito à razão*, peripécia não-detectada em outras civilizações, ao menos não de nosso prisma (o próprio homem branco descendente da cultura helênica exterminou culturas avançadas pré-colombianas, então como poderíamos saber?). Detienne se remoerá sobre esse ponto do início ao fim de seu tratado. Ele procurará reconstituir o salto grego com o máximo detalhamento.

Ainda no prefácio, Marcel Detienne ensaia um mapeamento do que irá tratar em minúcias sete capítulos adentro. A necessidade de proteção nos tempos primevos fez com que a massa conclamasse um Rei para todo o território. Um Rei humano, porém investido de tamanhos poderes que poderia ser considerado um semi-deus, a ponte entre a Terra e as Divindades. De repente, no transcorrer da história grega, o Rei não mais lá está. Os terráqueos, mortais, "perdem contato com o transcendente". Para que se orientem nessa nova realidade, os "governados sem governador" (ou auto-governadores, primeiros democratas) precisam utilizar o *diálogo*. Mostra-se inevitável o emprego recorrente do sofisma ou da mentira na busca pela *persuasão*, pelo *convencimento* do que lhe é oposto. Não se entenda a mentira como o diametral inverso da verdade. De fato, são sinônimas. A verdade do convencimento é *uma* das modalidades da verdade. Em nada importam as conseqüências para o ouvinte (no sentido da nomenclatura "verdade", posto que o que estiver escutando pode ser falso). O emissor a está empregando em proveito próprio. Quem, aliás, lança mão desse expediente com freqüência é excelente candidato a um Mestre da Verdade.

As primeiras pistas do salto mito-verdade se encontram no surgimento da *polis* grega, que por sua vez nasce das guerras fratricidas da etnia aquéia ou grega, motivadas principalmente pela economia ou subsistência – uma surpreendente antecipação do materialismo histórico marxista.

Da Verdade e Da Sociedade

Detienne afirma que, numa sociedade científica, a determinação de verdade mostra-se mesmo bastante difícil: ela precisa ser verificável por experimentos (empírica) e fazer sentido (lógica). Já para o senso comum, a idéia de verdade seria imutável ao longo dos séculos. Tal abismo está claro entre o trabalho dos jônicos e o dos eleatas e posteriormente em Sócrates, na esfera grega. Fala-se aqui dos primeiros filósofos sistemáticos reconhecidos pela historiografia. Para o primeiro grupo (encabeçado por Tales de Mileto), o importante era determinar a *Arche*, *origem de todas as coisas no cosmo*, a essência, a substância da qual todo o visível deveio. Elementos da natureza como a água e o ar foram os escolhidos para representar a *Arche*. A partir da segunda escola analisada, de Eléia, o eixo da discussão começa a girar, abdicando das estrelas e objetos distantes e voltando-se para o próprio hominídeo. Não seria hipocrisia demais determinar arbitrariamente saberes, dos quais o homem se julga detentor? Nada que represente a extinção dos Mestres da Verdade, apenas a reencarnação dos mesmos em novos avatares (os sofistas, após os eleatas, seriam os semeadores do Direito atual e os primeiros "humanistas"), mais preocupados com a realidade palpável do cotidiano. Que tal se se pudesse comprovar uma verdade? Que tal se fosse viável orientá-la para algum fim?

Detienne menciona que, não obstante os jônicos (Tales de Mileto *et alii*.) também desempenharem um papel importante na determinação da *Aletheia* (neles "disfarçada" de *Physis*), o sumo da laranja são os eleatas, Parmênides em particular. Neste tempo (de três a quatro séculos antes de Cristo) e espaço (o Mediterrâneo) há o entrechoque de duas visões antagônicas, a do *logos* e a da religião. Da busca pela explicação filosófica ou racional decantada contra a visão mística do mundo. Desta colisão certamente saem muitas faíscas, que jamais se fartam de respingar sobre nossas cabeças. O livro inteiro de Detienne se dedica a esse embate ou transição complicada. Para elevar a perplexidade do leitor, diz-se que o mito não é exterminado – ele povoa, direciona, de algum modo o pensamento racional.

Da Memória do Poeta

Finalmente, dissequemos os elementos da *Aletheia* primária: a Musa e a Memória. A Musa é algo acima do homem –

aqui, a poesia; contudo, entendê-la como a palavra dela originada, música, não seria de todo o mal. A Musa narra a "verdade divina", a Memória permite a transmissão dessa narração de geração a geração. Uma das filhas da Musa se chama *Arche*. O "canto de louvor" teria sido a criação final da Divina Providência para tornar o mundo possível. Detienne inclui em seus escritos um dos tantos mitos da criação, em que o discípulo de Deus pede a poesia no universo para que ele fique completo.

Aedo era o poeta primeiro, dotado da inspiração da voz, nômade, a espalhar suas estórias. Voltando à Memória, não é a memória a que se está habituado. Esta Memória é mística, o que quer dizer que não é uma faculdade que possa trazer à tona as situações que situaram o homem no seu estágio atual, o desenrolar cronológico dos acontecimentos, o processo histórico. Era uma capacidade muito mais idiossincrática (e elitizada) que via simultaneamente os três tempos. Só os poetas a detinham, e eles imaginavam cada qual sua própria origem e desfecho para o mundo. No entanto, sua imaginação tinha valor de Verdade para o humano comum, já que o que canta o aedo seriam as palavras mesmas dos Imortais. Vista assim, não era uma *Aletheia*, mas diversas, segmentadas em um número reduzido de indivíduos privilegiados.

Claro que existe o lado da memória encarregado de fixar os versos da poesia, sem embargo sua principal função era conferir autoridade ao cantor, de modo que esta classe cuidava de moldar a realidade, a verdade, àquele tempo. No início, os temas eram dois: retratar os deuses e homenagear os mortais mais virtuosos. Eis, a essa altura, uma feliz elucubração de Detienne: todas as civilizações se erguem de modo parecido. Ao que tudo indica os mitos orientais e muçulmanos (dos *bárbaros* segundo os helenos) continham detalhes parecidos (Zeus na Guerra de Titãs, Marduk contra o monstro Tiamat, Tilen *versus* a horda de bestas...). A pergunta é: por que a cultura ocidental teria abandonado esta *Aletheia* precursora mais rapidamente que outras culturas do globo?

Os poetas faziam as vezes de juízes, pois o bom guerreiro só entrava na Memória se assim fosse decidido. A noção de *Arete*[2] provém mais que provavelmente dessa "peneira". São, como se vê, apresentados muitos vocábulos gregos altamente especializados. Para solucionar a possível aversão do leigo à complexidade do tema, Detienne emprega quadros, esquemas duais, às páginas 21, 39, 40, 41 e 43.

[2] Segundo a *Arete*, grosso modo, a cultura da aristocracia era mais elevada que a das instâncias inferiores da pirâmide social grega. A virtude seria inata ao indivíduo e *hereditária*, jamais passível de aquisição posterior (o que não quer dizer que um escravo não poderia ser um virtuoso por destino, ou que todo aristocrata faria jus a seu berço).

O Mestre da Verdade era, então, o poeta ou recitador, único capaz de divisar a *Aletheia* a sua frente (ou "dentro de si"). Por intermédio dos versos declamados por estes, Detienne salienta, implantou-se o calendário mais ou menos como o conhecemos hoje, com suas festividades dedicadas às entidades supremas, um descanso semanal (o domingo) e o restante de dias de labuta. A influência dos Mestres é facilmente perceptível. Entretanto, vagarosamente, no tempo, a importância antes conferida à classe dos poetas é restringida aos círculos aristocráticos, estando eles incumbidos de manter o prestígio de sua classe de origem.

Rememorando os dizeres iniciais, a Verdade grega, assim como a Memória grega, é diferente da nossa, não é a oposição ao "falso", mas uma "vidência", um atributo sobrenatural que permite ver *mais do que o meramente aparente a todos*. A única oposição aceita para a *Aletheia* é a Filha da Noite *Lethe*, cujo significado passa longe da mentira; tange o silêncio. A Verdade dos gregos não passa de uma louca vontade de conhecimento, imortalidade e glória – em um só substantivo, de *onipotência*. A projeção de seus desejos, do que gostariam de ser, na figura de deuses antropomorfizados, regidos pelas paixões.

Da Ambigüidade da Palavra

A *Aletheia* sozinha não é um conceito funcional. Precisa de outros elementos, como a noção de Justiça e as já citadas Memória e Musa. A palavra transmite a Verdade. Palavras e gestos, posturas ou atitudes são inseparáveis, e o livro cita inúmeros exemplos, mesmo o do silêncio cúmplice. Palavra é entendida como *potência, ação, eficácia*. Há o mito, lembrado por Detienne, de que no Olimpo não há a pronúncia vã de nenhuma palavra: todas elas têm uma finalidade relevante. Com os mensageiros dos Deuses – os poetas – as coisas funcionam de modo análogo. Na outra mão, os mortais mais "humildes" (incluindo os maus poetas) viveriam profanando o dom chamado fala, com sonhos não-realizados, profecias incumpridas, analogamente aos animais, que berram, grasnam, urram e cacarejam "em vão".

A palavra mágico-religiosa, analisada com uma lente de aumento até meados do Capítulo IV, anterior à palavra racional, "humanista", temporal, não pede aprovação ou reprovação, não deriva de uma consciência individual, ainda inexistente, senão que é apenas a manifestação de uma ordem de Deus. Já a *nova palavra*, paulatinamente se configurando, a transformação na noção de *Aletheia*, implica no emprego de novos termos que digam respeito ao interlocutor, agora sim valorizado. Aquele que recebe a mensagem, no mais recente paradigma da Verdade, pode interpretá-la de um modo diferente do inicialmente pretendido pelo emissor. A ilustração dessa modificação é o mito da profetisa frustrada Cassandra,[3] além do da Morte, única personagem que jamais sucumbe à persuasão.

[3] BIBLIOGRAFIA SUGERIDA:
Schiller, *Cassandra: Vox feminina trágica*
Pseudo-Apolodoro, *Biblioteca*

Marcel Detienne integra outro elemento à discussão. A *Apate* não silencia como a *Lethe*, mas *corrompe* a palavra, ou seja, a Verdade. Dado que há um terceiro elemento que sobrevém à dialética *Aletheia/Lethe*, explicitam-se dois graus de esquecimento (a negação da Memória): o *bruto* (já demonstrado, de quando os poetas ignoravam o nome de guerreiros que não merecessem figurar em seus versos, o que continuará ocorrendo para cidadãos de "pouco valor" no meio social da *segunda Aletheia*, racional) e o *brando*, equivalente ao apagar do "sono doce", que estaria no meio do caminho entre a antiga dualidade Memória/Verdade e o esquecimento mais trágico da primeira versão. Detienne vai mais fundo: onde estivesse a Verdade, lá se encontraria de igual modo a Noite, eclipsada, encerrando a parte que não foi glorificada nos poemas. Em uma formulação mais simples: se *Sigfried* mata o dragão e vira herói, o poeta o narra, a Musa o imortaliza. Porém, neste ato/verso deixa-se de lado a arrogância despertada no vencedor, que resultaria na sua derrota por alguém invejoso de sua fama, que dispara-lhe uma flecha no calcanhar. Todo enaltecimento encobre um pedaço da realidade. Numa guerra, a *Aletheia* do vencedor será a *Lethe* do vencido. Daí deve provir a verdade histórica mais recente de que prevalece sendo o *bem* o que o vencedor acha que é o bem, e de que o *mal* era o "bem desejado pelo perdedor". Atropela-se o ponto de vista dos vencidos, dos que não são *lembrados*.

Recapitula-se a posição original e inquestionável de que os poetas ou majestades seriam Mestres da Verdade. Quem sabe apenas "Discípulos da Verdade", já que a *Aletheia* "sente-se" circundada pela *Lethe* e pela *Apate*, esta última uma escala entre a Memória e o esquecimento doloroso (a *Lethe*), que é uma condenação. Este "esquecimento doce" é um "discurso *lethiano* com aparências de Verdade", um *simulacro*, a persuasão. Essas duas críticas à *Aletheia mítica* combinadas (agora Memória e Verdade são intermediadas pela *Apate*; na História está provado que onde há *Aletheia* para um, há *Lethe* para outro) reforçam a condição paradoxal dos primeiros Mestres da Verdade. Podemos até continuar denominando poetas e majestades de Mestres da Verdade, no entanto estes são também *Mestres do Engodo*. É como retirar do homem grego, sem mais nem menos, o chão, um pedaço de concreto em que pisava, em que fundamentava suas crenças, um abalo do senso comum. Talvez seja o mesmo tipo de choque usufruído pelo leitor que contempla passivamente a passagem das idéias, todas se contradizendo, na filosofia contemporânea.

A travessia Religião/Filosofia é, pois, sinuosa. Abandonar crendices se revela de uma dor sem fim, por isso a afirmação de que tal metamorfose se constitui num masoquismo. A *Physis* dos principais filósofos pré-socráticos não passa de uma "máscara" do primeiro direcionamento da potência da palavra ou *Aletheia*. Retrata, inocentemente, o mundo "real". Ulteriormente os sofistas serão os primeiros a "filosofar sobre a arte do enganar", de maneira que sem eles também não existiria um Sócrates.

Do Processo de Laicização

A dessacralização completa da palavra, para se efetuar, precisava de combustível sócio-político. Assim que as condições favoráveis ocorressem, a palavra mágico-religiosa se converteria de vez na palavra-diálogo, ou seja, a "sinuosa travessia" estaria já concluída. O "xis" do problema está no mensageiro e na sua mudança de identidade. Inicialmente do poeta ou majestade, investido do dom da palavra com conteúdo divino, a Musa, a palavra deveria partir, nesse novo estágio, de um grupo que se comunicasse entre si com cada parte do todo estando em igualdade em relação às demais. Tal transferência é uma coletivização, *democratização do falar*, cuja raiz social se encontra na classe dos guerreiros na forma da partilha do butim e da uniformização dos exércitos, muito embora fosse dito que um reduzido subgrupo de filhos de aristocratas tinha as melhores armas e acesso exclusivo à montaria.

O desenvolvimento das cidades e o decorrente aperfeiçoamento das tropas e das escolas militares é que instauram as regras de "compartilhamento", "o que é de um é de todos". Nada mais é do que a inédita noção de uma esfera pública onde antes o que não era privado só podia ser "de ninguém", uma terra sem-lei. Foi o novo *Ethos* entre os soldados que promoveu a secularização da palavra e da *Aletheia*. Contrastando com a Verdade mítica, toda palavra é desde então submetida à aprovação ou reprovação pelos semelhantes, isto é, o poeta passa a ser criticado por seu público. Muitos outros além dos poetas ou majestades passam a exercer o papel de intérpretes das Musas.

Ser "cidadão" era um privilégio, usufruído não só pelos aristocratas mas também pelos guerreiros, nesta nova evolução. Demandava-se, ainda, àquela altura, uma maior intervenção popular a fim de enriquecer os "debates no centro". Detienne se detém por muito tempo na conceituação do espaço central (na cidade, nas assembléias, nos recintos públicos, que passavam a ser o lugar apropriado para os cidadãos que quisessem se pronunciar a respeito de algum assunto público). J.P. Vernant e F.M. Cornford imputavam ao nascimento da Filosofia a mudança do mundo grego, mas Detienne lembra que é a mudança do mundo grego que faz nascer a Filosofia.

Marcel Detienne finaliza destacando a "porteira aberta" da discussão sobre a definição de *Aletheia laica e secular*: sofistas e socráticos travariam uma dura batalha ideológica nos derradeiros séculos da era pré-cristã. Ainda hoje se faz necessário agradecer o quanto esse enfrentamento enriqueceu o pensamento ocidental. O dilema da *Aletheia* é o de maior representatividade contemporânea; e continuará sendo por muito tempo ainda.

(P.S. 2022) Resenha para "introdução à filosofia", disciplina do 2º semestre de jornalismo, curso que eu jamais viria a terminar.

* * *

#Filosofia #epistemologia #fenomenologia #HistóriadaFilosofia #Platão

PLATÃO X DESCARTES, POR LEBRUN E EU

A impressão genérica é a de que – ainda que o segundo seja póstumo – Platão supera Descartes! A que se deve tal afirmação bombástica logo de cara? Os propósitos de afirmá-lo serão diluídos pelos próximos parágrafos. Não é dizer que inexistem controvérsias nos trabalhos de Platão ou pontos que Lebrun[1] não tenha observado ou não tenha tido a disposição de incluir em seu tratado, os quais terei prazer em enumerar. Outrossim, minha decisão não descarta Descartes (trocadilho infame), não invalida sua contribuição filosófica nem tenta ridicularizá-lo. Talvez muito dele possa ser tão aproveitado quanto os ensinamentos de Platão; no entanto, há um detalhe que o põe em xeque diante do meu crivo. Fato é que não suportaria posicionar-me acima do muro.

[1] Gérard Lebrun (1930-99), filósofo francês. *(Acrescentado em 16/04/21)*

O início do texto suscita perguntas que serão longamente divagadas, até que o leitor quase se esqueça, para a retomada da questão nas últimas linhas. Trata-se do *mistério da super-valorização do sentido da visão*: por que sempre nos referimos ao conhecimento com **"ver as coisas"**? Ao invés disso poderíamos utilizar os vocábulos ouvir, cheirar, provar, tocar, sentir...

O ponto em que chegam as explanações parece convergir com a dúvida que tive em sala e expressei pela pergunta "já houve um grande filósofo cego?" àquela altura. A resposta da professora Cláudia Maria Busato foi que não. Fosse por probabilidade ou incapacidade do cego abstrair como fazemos, está claro para Lebrun que cada filósofo enxerga a obtenção do conhecimento e a visão de uma maneira. No caso, fiquemos com dois expoentes de espaços e tempos distintos o suficiente para dispor uma bela oposição: Platão, discípulo de Sócrates da Grécia Antiga, e René Descartes, considerado o primeiro filósofo moderno ou grande pensador pós-Escolástica, com a qual rompe em definitivo.

Descartes, tão valorizador da matemática,[1] poderia explicá-lo dizendo que os vértices de um triângulo não exalam aromas, que eles não são macios nem rígidos, que seriam tão insípidos quanto a água se pudessem ser ingeridos, que tampouco produzem algum tipo de ruído. A matemática é para Descartes uma das poucas coisas que se pode cravar, assegurar. Seria uma prova da existência de Deus, uma entidade sem dúvidas, porque tudo na matemática é "certo". Se formas geométricas podem ser contempladas com a visão e não com os outros sentidos, a super-valorização em Descartes está explicada. O francês moderno afirma a independência da alma frente às demais formas. Melhor dizendo: aquilo a que obtemos acesso é um "presente divino" pelo nosso esforço. Depende do homem, um ser capaz, chegar a esse estágio. Esse é o ponto mais importante da discussão visão-conhecimento proposta por Lebrun e é também o pilar vulnerável do filósofo declarado por mim como perdedor do embate.

[1] Não menos que Platão!
(Acrescentado em 21/10/22)

Platão, sucintamente (obedecendo à estrutura do texto, mencionarei seus fascinantes mitos mais adiante), submete a alma à realidade. A "luz" que lhe permite sair do senso comum e ter segurança das coisas não é uma manifestação *de si*. De nada adiantaria, pois num quarto escuro sem aberturas o sujeito estará incondicionalmente cego. A luz é *exterior*. É-se *dependente* dela. A luz para os olhos é o Bem para a razão.

Platão ama a complexidade e não gosta de retirar os *objetos* (palavra detestada por Lebrun, que tacha de desleixados os tradutores de sua língua, o Francês – velha polêmica!) de seus contextos. Quer analisar tudo em bloco, unido, como de fato é. Descartes prefere esquecer o mais difícil numa primeira etapa e iniciar análises pelo simples (a assim batizada *indução*). Todavia, esse simples é complicado de se achar! Os observadores, despreocupados, exatamente pela simplicidade e obviedade dessas formas, raramente pensam nesses objetos. Descartes premia o observador arguto. Para Platão, não basta toda a atenção do si em si e para si mesmo, precisa-se sempre de alguém.

Não é loucura dizer que Descartes considerava os gregos uns charlatães, que diziam que enxergavam melhor porque mais longe, que eram "abençoados". Sua filosofia é, afetadamente ou não, um tanto mais "humilde" nesse tocante.

Façamos, antes de declarar o nocaute, uma concessão e demos a Descartes o primeiro *round* pelo simples fato de estar cronologicamente mais próximo de nós e de poder ter lido seu adversário neste contexto. Enxerguemos *através de Lebrun*: seu compatriota não deixa de ser, a seu modo, um cético, visto que é impossível a qualquer filósofo não levar em conta a reflexão de Sócrates sobre a única certeza imediata ser a de *"nada saber"*. Trata-se, em linguagem cartesiana, de admitir a impossibilidade do conhecimento absoluto, o que seria pôr-se no papel de Deus. A dialética de Platão, outrossim, poderia ser resumida como representando a certeza que possuímos de que após cada tese, antítese e síntese, levadas ao infinito, nunca chegaremos ao *fim do filosofar*. Isso é, como queira, tanto uma afirmação niilista quanto um dogma positivo. Segundo Lebrun, tal situação gera um problema de "confiança" no usuário da Filosofia platônica, já que o *indivíduo cartesiano*, mais cedo ou mais tarde, encontrará um chão. O platônico não?! Desencorajador!

O próprio Gérard Lebrun, juiz do combate (eu, em contraposição, sou só um jurado!), faz questão de desfazer o engano ou *"desatar o nó"*, em suas próprias palavras. É que Platão nunca se preocupou com esse ponto falho. Não "pecou", *esqueceu-se* por um breve instante. Deve ter baixado a guarda no primeiro *round* de propósito, oras! Os estudiosos erram ao asseverar a "dúvida eterna" de Platão como um dogma, segundo Gérard Lebrun, porque essa é a armadilha apresentada pelo *método cartesiano*. Depois de ler Descartes o estudioso procurará em Platão uma brecha da ótica cartesiana, ainda que não o perceba. Isso é um equívoco imperdoável para senhores de tão elevado gabarito, uma vez que Platão morreu séculos antes de René Descartes. Como poderia, de qualquer modo, um homem ser condenado por "escolher" a rota errada (quem sabe voltar à escuridão depois de ver a luz?) se ele não foi submetido à escolha, não sabia que podia escolher? É isso que fizeram com Platão. Aliás, é isso que Platão propôs. Platão se mostra mais fresco que todos nós ao prever esse tipo de muro em que o emparedariam: o *Mito da Caverna*.

Inclusive, de novo por Lebrun, tomar Platão como *pré-cartesiano* engloba outros problemas derivados deste primeiro. Até Platão insinua a chegada, mais dia menos dia, a uma *ousia* – vocábulo mais explorado por Aristóteles –, termo que neste contexto iremos traduzir como "porto seguro" (posto que é o que realmente interessa neste nosso breve recorte). E como abandonar a insegurança de ter sempre uma auto-superação a ser efetuada pelo atual conhecimento de que se dispõe? Pelo contraste vivido, pela lembrança: saber que antes se encontrava nas trevas e agora se é exposto à luz. Isso é retratado fielmente pelo Mito da Caverna.

Se para Descartes todos "podem" ver, e no entanto a alguns escapa o ver (pela distração, a falta de um direcionamento interno correto), e para Platão há como que "escolhidos" para deter o saber proveniente – por tabela – do Bem, não seria possível determinar ambas as restrições como a mesma coisa? Um distraído não é alguém incapacitado, um ser com o ônus de não ter acesso ao bom senso? Deterministicamente, trata-se de uma "negação de privilégios" parecida, senão semelhante ou simétrica. O que acontece é que, para Descartes, o "ver" só existe em função do *livre-arbítrio monoteísta* que ele acredita ser inerente a cada alma. Em Platão essa questão se mostra muito mais elaborada e atual, em nosso século da "morte de Deus".

Afinal, não vejo o homem atual (moderno) essencialmente *inseguro*. Ainda que *pós-platônico* (e necessariamente herdeiro de e inescapável a Platão), ele é excessivamente confiante de que já se livrou de suas correntes e covas. *Só porque temos a luz do Sol não é salutar afirmar que chegamos ao último degrau da sabedoria*. O Sol olhado diretamente só pode produzir cegueira. Ele será sempre um *meio* de acesso a um absoluto que Platão nem nega nem afirma. Ainda hoje estamos no panorama platônico: a filosofia, a sociologia e outros campos do conhecimento seguem em seu ofício de desfiamento das cortinas do teatro da existência, num jogo de sutura e descosimento, um perpétuo diálogo entre o mundo das aparências e um "outro mundo", que é apenas uma projeção nossa. Ainda a condição inicial do filósofo socrático, portanto.

Finalmente, no tocante à *solidão*, mais uma vez Sócrates é sublime: esta emana do **educador**, a "ilha". Faço um paralelo com uma sala de aula de filosofia no Brasil em que os estudantes estarão sempre vendados, porque felizes e livres da dor. É aí que faz todo o sentido a analogia professor-ilha. O final da reflexão de Lebrun é oportuno nesse aspecto: o "saber ouvir" às vezes parece ser mais imprescindível que o "ver", porque se se tentasse, sem a devida instrução, não se veria nada, pelo menos de imediato.

Sanada a questão do "vencedor entre os dois ilustres desafiantes", numa bizarra reconstituição de um boxe intelectual entre dois seres que sequer habitaram a Terra em épocas semelhantes, hora da outra solução: *"Por que sempre nos referimos ao conhecimento com ‹ver› em detrimento de utilizar os outros órgãos dos sentidos, como os ouvidos, o nariz, a boca ou a própria pele?"* Exclusivamente devido à dependência verificada pelo olho humano para enxergar as coisas. Necessita-se, para além do mero espaço, da luz. Como não estamos no vácuo, onde seria dificultada a reverberação do som; como não estamos anestesiados da planta do pé aos nervos da face; como não estamos fortemente constipados; como nossa língua não fôra cortada fora, não somos tão dependentes de alguma outra coisa, para que todos estes sentidos funcionem, como a retina é tão dependente da luz.

(P.S. 2022) Resenha – trabalho final – para "introdução à filosofia", disciplina do 2º semestre de jornalismo, curso que eu jamais viria a terminar.

6 de julho de 2006

#Futebol #CopadoMundo

POSSE DE BOLA, TALENTO INDIVIDUAL & OUTRAS CONSIDERAÇÕES EM FRANÇA X PORTUGAL

É impressionante como o ódio insufla análises precipitadas de uma partida. Durante o intervalo de França x Portugal Matheus me intercedeu no MSN dizendo que Portugal àquela altura jogava muito melhor e exigia um massacre sobre esses "filhos da puta" desses franceses. Interessou-me bastante elaborar a retórica, até porque serviria para meu post de logo mais, e é exatamente o que aqui acontece:

Desgalvãobuenizando as coisas, com base em quê meu amigo Matheus proclama esta verdade? A posse de bola portuguesa foi superior à francesa em uns 10%. E daí? **Só no "bobinho" é que não ter a bola é o prejuízo dos prejuízos, o pecado dos pecados. Pior ainda é o "bobão": o time que tem a bola e não sabe o que fazer com ela.** A julgar pelo critério da posse de bola qualquer time de cabeças-de-bagre faz melhor. Perceberam o meio-campo francês abarrotado? Matheus e muitos de vocês deviam estar acompanhando a partida pela Globo, deixando o lado emotivo se sobrepor à cabeça. Ou então a ignorância com respeito ao esporte bretão ou a esquizofrenia de vossas mentes não permitiram entrever verdades explícitas: a França não deixava Portugal jogar. Quantas vezes foi ouvido o nome do único centroavante português, Pauleta? Dizem que ele aparece só na escalação. Que é um laranja. Nem existe, na realidade. Dada esta falha ofensiva, a única arma do time de Felipão era chutar de longe, e quem o faz muito bem é Maniche. Ele conseguiu assustar uma vez. Do outro lado, veja Zidane e Ribéry. Foi dito que Costinha marcaria o gênio quase aposentado inveteradamente. Marcou nada. Deixou o bicho solto, arquitetando seus "lances insidiosos" (e que prazer em vê-los!). Riéry também, se não usufruía de tanto es-paço porque já é posicionado mais à frente, dinâmico que só, acabava criando sozinho este espaço. Fazia das suas nas duas laterais.

Atordoava os defensores na boca da área. Até o Henry atuou melhorzinho do que no restante da Copa. Excelente para aparecer quando é dado como morto (diferente de Pauleta) ou para cavar pênaltis, desta vez o rapaz sofreu uma falta autêntica nos limites da grande área. Ricardo agarra muito bem, sempre acerta o canto (defendeu três contra a Inglaterra, um recorde histórico). Porém, quem disse que Zidane bate "pouco bem"? Para completar, Cristiano Ronaldo acha que resolve tudo "indo pra cima". Que felipesco! Deve ser a raiva pelas vaias que recebia sempre que se apresentava para o jogo ao longo do primeiro tempo inteiro.

Ficou mais fácil entrever a tal "constatação desgalvãobuenizadora"? O Brasil já foi, paciência. Quem tem raiva da França por este ou quaisquer outros motivos deve ter a humildade de reconhecer sua superioridade tática. Enquanto o Barthez não dá um frango daqueles de bandeja a tática é o que conta... Portugal tocava muito bem a bola, mas sempre da intermediária para trás.

Agradeço o Matheus (encarnando maioria dos brasileiros no momento) pela sua colocação infeliz. Não é nenhum sarcasmo. É que parece que, quando não é em um diálogo simulado, não consigo! Fica difícil de extrair as conclusões táticas da partida como acabei de fazer. Depois dizem que pergunta não ofende! Pelo contrário: se não me ofendessem com uma pergunta como *"Portugal está merecendo ganhar, você não acha?"*, dificilmente me sentiria motivado a escrever um ou mais parágrafos acerca das falhas dos portugueses e de como o sistema francês se beneficiou disso.

Portanto, independentemente de se o gol foi de pênalti, feio, etc. (e olha que nada do maestrão Zi-Zu é feio!), hora de reconhecer que valores individuais também prevalecem (com exceção dos sem-vontade da seleção canarinho). Vou me ater a Zinedine, para que eu seja inquestionável (tem gente que acha o Ribéry um monstro, no pior sentido): o carequinha consegue ser músico jogando bola; como jogador de futebol é ótimo atleta e exuberante *compositor* também!

Tudo isso eu poderia ter escrito com o "material visual" a que tive acesso na primeira etapa. Sabia que não ia mudar. Se mudasse, eu postaria este texto do mesmo jeito e me retrataria no final. Que pena que o intervalo é pequeno demais. Vocês encontrariam o texto aqui já pela tarde do dia 5 se o "break" fosse de pelo menos mais quarenta e cinco minutos. Como não é possível, continuarão me associando à palavra petulância (*"depois que tudo aconteceu é fácil falar, hum!"*). Fato é que a diferença mais trivial para a segunda metade é que Domenech manipulou o jogo taticamente, agora chamando os portugueses para a "arapuca", retraindo muito mais seu elenco. Contra os brasileiros ele não era doido de fazê-lo. Portugal não sabe sufocar um adversário mais classudo. Foi arriscado, até porque mesmo se a França encaixasse um contra-ataque mortal dificilmente finalizaria em gol, pois tem-nos feito pouquíssimo (*e vamos voltar a este ponto mais tarde*).

No mais, terminou assim. Portugal do estressado Scolari achando que podia vencer e os franceses (principalmente Barthez) fingindo (mentira: ele é mais que um ator, é aquele que é encontrado com as penas na mão!) que podiam abdicar da vaga na final a qualquer momento...

NOTA DO JOGO
7.4

CONTEXTO & PREVISÕES PARA A FINALÍSSIMA

A Azurra terá sua oportunidade de ouro. O que lembra "euro". Na Eurocopa 2000 da Holanda e Bélgica, na final França x Itália, o elenco àquela ocasião campeão do mundo venceu no Gol de Ouro. Euro, Ouro... Em 1998, aliás, os italianos só levaram a pior nas quartas-de-finais porque Baggio devia se licenciar do suplício de bater pênaltis para não desclassificar seu país o segundo Mundial seguido (nada contra seu excelente futebol entre as quatro linhas em circunstâncias normais, afinal ele foi o melhor jogador do mundo em 1993)! 2006 será enfim marcado pela aparição da senhora Justiça?

Para quem gosta de coincidências, em 70 a Itália perdeu a decisão para o Brasil. Doze anos depois eliminou uma de nossas melhores seleções de todos os tempos e conquistou seu Tri. Doze anos mais tarde perdeu para Parreira, Romário & cia. nos pênaltis. Passaram-se mais 12 anos e tudo indica que é hora de levantar o caneco... Abomino números. Abomino levarem em conta a História, pois cada capítulo pode significar uma reviravolta na trama. Acontece que pelo que vem jogando deve mesmo vencer...

E quem é a França do corrente ano? A terra de Napoleão e dos protestos estudantis, nesta Copa, é Domenech (quem diria, o astrólogo tão criticado no começo da competição!), Zidane e Ribéry. Resume-se a eles. Minto. É, também, Barthez, Sagnol, Abidal, Malouda. Maravilhas de peças para compor elencos [ironia]! Percebeu? Por mais que os três primeiramente citados (o técnico e os dois melhores da equipe titular) ponham-se à disposição no auge para a disputa dessa promissora Final e recebam, nessa empreitada, o auxílio dos astisfatórios Henry, Vieira, Thuram e Gallas (os dois últimos o miolo de zaga), nada como uns "perebas" para fazer a diferença – a favor do tetra italiano, é claro.

Goleiro e laterais abaixo da crítica? Isso nunca deu certo. Só não estão piores que os daqui porque não são apáticos (não me refiro a Dida, somente aos velhacos "Ajeitando a Meia" Carlos e Cafu). Ademais, a França nem sabe definir. Veja os últimos gols que ela fez. Pênalti, colaboração do A.M. Carlos, Zidane num estalo de gênio... E aquele sufoco para sair um gol, na segunda rodada, contra a Coréia, depois de quatro partidas em branco num espaço de QUATRO anos (em Copas)? Não vai querer, esse time, furar justo o bloqueio da consistente Bota, vai?!

Honestamente, a Seleção Francesa merecia ser eliminada já nessas partidas para aprender a lição... Pena que Portugal, Brasil e Espanha não se esforçaram muito para compreender o meio-campo traiçoeiro de *Les Bleus*. Aliás, a Espanha não conta, é amarelona. O Brasil eu também não levo em consideração: ô país ruim de bola [Garrincha se revira no túmulo]! Chegou a hora de eles tropeçarem no segundo time com mais tradição em Copas (segundo, sim, porque vai passar a Alemanha em títulos, justo em *seu* território): Itália, Itália, Itália, Itália...[1]

[1] E não, esse final não é uma referência ao Vanucci dopado na Rede TV – por mais que eu queira me gabar de ter previsto isso também, não passa de acidente! *(Acrescentado em 16/04/21)*

Quatro. Nós temos cinco e ainda achamos ruim!

1º de julho de 2006

#**Futebol** #CopadoMundo

HORA DAS CRÍTICAS PESADAS: Esse negócio de corrente pra frente não está com nada!

Por que você acha que o Felipão armou o time Pentacampeão no 3-5-2?

Se perdermos esta Copa será por dois motivos básicos, que dificilmente virão juntos: máfia do apito; laterais. Proponho-me a divagar sobre a segunda alternativa:

Devo responder à pergunta do tópico-frasal. Luiz Felipe Scolari é um técnico de menor quilate. Técnicos de menor quilate se eximem da responsabilidade. Um esquema 3-5-2 pode ser muito menos alterado durante uma partida que um 4-4-2 que vem apresentando problemas e pede uma reforma de qualquer ordem. Ademais, o cara é um retranqueiro (nem vou mencionar que ele adora instruir seus atletas a baixarem o sarrafo ao menor sinal de encrenca). Tudo para Felipão é emoção e, com três zagueiros, é necessário que o zagueiro seja realmente zagueiro (enquanto que no 4-4-2 só dois precisam sê-lo). Como são 3, num país que gosta de formar atacantes e no qual os piores meninos das divisões de base são justamente os beques, mais fácil falhar. E cada um toma conta do seu setor. Dificilmente há cobertura. São pouco solidários. Bem coisa de Felipão mesmo: cada bruto no seu canto, tchê!

O diferencial que permite ao 3-5-2 um pouco de consistência é o meio-campo permeado de gente. Congestionado, eu diria. É o caráter imóvel da maioria desses cinco da intermediária. Ainda que voltem para ajudar na contenção, o normal é que estejam marcando no máximo até a linha divisória da metade do campo para abafar as jogadas já ali. Costumam deixar o abacaxi para os atacantes de ofício: não sobem nem descem. São uns preguiçosos. Num time como o Brasil é relativamente fácil aplicar um esquema como esses e ser campeão do mundo. Sobra talento, sorte (no próprio Brasil) e nível técnico medíocre (por aí). Jogadores se adaptam, adversários não, e tudo é bonito.

Felipão teve um mínimo de inteligência: ele tinha medo de laterais velhos cuidando da defesa e do ataque simultaneamente. Roberto Carlos, com ele, não atrapalhava nunca lá atrás: nem que só para bater suas faltas para fora, ficava mais por ali, assistindo a Rivaldo e Ronaldo (2002, lembre-se). No 4-4-2 há uma dupla de zaga fixa e dois laterais que têm uma verdadeira sobrecarga diante do ritmo do futebol atual, que exige que eles estejam ora lá, ora cá desempenhando suas funções vitais. Cafu e Roberto Carlos são dois medalhões. Duas lendas mortas. No Milan, Cafu joga só os segundos tempos. Roberto Carlos não joga algo parecido com futebol faz anos. É impossível uma seleção como qualquer outra conquistar a taça da competição mais difícil do planeta com as faixas laterais preenchidas por homens velhos e inoperantes. O negócio é que somos Brasil e, por incrível que PARREIRA, vai que dá!

O Esquadrão de Ouro só perde o Hexacampeonato, com este time e com o time dos outros, com erros (acertos, dependendo para que lado) de arbitragem ou por falhas grotescas pela esquerda ou pela direita. Juan e Lúcio são tão confiáveis quanto fixos. Os móveis, Roberto Carlos e Cafu, não. E os adversários estudam e sabem disso: é só explorar as linhas-de-fundo nos embates contra os "melhores do mundo". R. Carlos só deu pixotada desde que pisou na Alemanha. Graça para ele só nas reportagens da Globo. É um chamego só com o Robinho, é piadinha pra lá, piadinha pra cá. O valor estético de suas coxas nada importa a quem realmente se interessa pelo subjetivo no futebol: os machos! Para quem liga para os "detalhes", prato feito. P.F. para o jogador em decadência, também: há muitas Victorias ("esposas de Beckham") de prontidão acompanhando os jogos da seleção. Estamos no Brasil, esqueceu? Tem de tudo por aqui.

Até falta de laterais, num país onde tudo o que se faz é jogar futebol. Deixamos de ler para jogar bola, não é, Henry?! Entretanto parece que desaprendemos uma lição tão simples (e amarga), ensinada pelo nem-tão-bom-assim Felipão: temos que ser retranqueiros e jogar com zagueiros de verdade para vencer; defensor "de mentirinha" não cola. Nem um pouco.

Olha o Zidane aí, gente... Olha o Totti, o Luca Toni, o Klose, o Podolski... SOCORRO!

No self-service da lambança – pegando carona com a analogia do prato feito –, Lúcio é Gamarra!

Rafael de Araújo Aguiar cursa jornalismo pelo UniCEUB-DF, está de férias e odeia o Roberto Carlos...

FINIS

Êxtase e Auto-glorificação

ÍNDICE DE ASSUNTOS

aforismos sábios
24, 25, 26, 27, 28, 37, 38, 39, 40, 55, 56, 57, 58, 61, 65, 66, 67, 76, 77, 78, 79, 80, 83, 92, 93, 94, 95, 151, 152, 153, 154, 155, 156, 182, 204, 205, 206, 207, 208, 209, 210, 211, 212, 213.

alteridade
48, 49, 99, 100, 101, 102, 103, 104, 105, 106, 107, 108, 131, 145, 146, 147, 148, 149, 150, 157, 158, 167, 168, 169, 170, 171, 172, 173, 174.

amor
16, 17, 18, 48, 49, 63, 64, 65, 82, 92, 93, 94, 130, 173, 174, 197, 198.

anti-sociologia
65, 66, 67.

Antropologia & Religião
13, 14, 15, 16, 28, 29, 30, 48, 49, 51, 52, 62, 68, 69, 70, 78, 79, 80, 83, 92, 93, 94, 95, 99, 100, 101, 102, 103, 104, 105, 106, 107, 108, 116, 117, 127, 128, 129, 131, 137, 138, 145, 146, 147, 148, 149, 150, 157, 158, 159, 160, 161, 167, 168, 169, 170, 171, 172, 173, 174, 200, 201, 204, 205, 206, 207, 208, 209, 210, 211, 212, 213.

ativismo
87, 88, 89, 90, 91, 92, 125, 126, 127.

auto-imagem
16, 17, 18, 80, 81, 118, 119, 130, 183, 184, 185, 186, 187, 188, 189, 195, 196.

Brasileirão (futebol)
32, 36, 75.

Cinema
48, 49, 78, 79, 80, 140, 141, 159, 161, 178, 179, 180, 181, 182, 189, 190, 191, 192, 193, 194, 195.

cinema cult
79, 80, 178, 179, 180, 181, 182, 189, 190, 191, 192, 193, 194, 195.

Copa do Mundo
219, 220, 221, 222, 223, 224, 225.

Corinthians
36, 75.

crise das democracias
87, 88, 89, 90, 91, 92, 93, 94, 98, 99, 178, 179, 180, 181.

Debord, Guy
66, 95, 149.

decadência
13, 14, 15, 21, 22, 23, 24, 25, 26, 27, 28, 31, 41, 42, 43, 82, 83, 99, 100, 101, 102, 103, 104, 105, 106, 107, 108, 109, 110, 111, 112, 113, 145, 146, 147, 148, 149, 150, 188, 189, 199.

depressão
118, 119, 184, 185, 186, 187, 188, 195, 196, 197, 198.

Dostoievsky, Fiodor
39, 62, 68.

engenharia constitucional
96, 97, 98, 99.

epistemologia
94, 95, 159, 200, 201, 214, 215, 216, 217, 218.

estaduais (futebol)
24, 33, 34, 35, 36, 37.

estereótipos
16, 17, 18, 145, 146, 147, 148, 149, 150, 167, 168, 169, 170, 171, 172, 188, 189, 193, 195, 196.

estética
16, 17, 18, 27, 70, 92, 93, 94, 114, 159, 160, 161, 182.

ética
78, 79, 94, 95, 99, 100, 101, 102, 103, 104, 105, 106, 107, 108, 127, 128, 129, 140, 141, 157, 158, 159, 160, 161, 167, 168, 169, 170, 171, 172.

existencialismo
16, 17, 18, 162, 163, 164, 165, 189, 190, 191, 192, 193, 194, 195.

fenomenologia
120, 214, 215, 216, 217, 218.

Filosofia
16, 17, 18, 19, 20, 21, 24, 25, 26, 27, 28, 37, 38, 39, 40, 41, 42, 43, 44, 45, 46, 49, 50, 51, 52, 53, 54, 55, 56, 57, 58, 61, 65, 66, 67, 68, 69, 70, 71, 76, 77, 78, 79, 80, 83, 92, 93, 94, 95, 108, 109, 110, 111, 112, 113, 119, 120, 121, 122, 123, 124, 125, 132, 133, 139, 140, 141, 142, 143, 144, 151, 152, 153, 154, 155, 156, 159, 160, 161, 162, 163, 164, 165, 175, 176, 177, 182, 189, 190, 191, 192, 193, 194, 195, 200, 201, 204, 205, 206, 207, 208, 209, 210, 211, 212, 213, 214, 215, 216, 217, 218.

CILA OU CARIBDE

fim de amizades
13, 14, 15, 46, 47, 48, 49, 55, 56, 57, 58, 59, 60, 157, 158.

Futebol
33, 34, 35, 36, 37, 75, 133, 134, 135, 136, 178, 179, 180, 181, 183, 199, 219, 220, 221, 222, 223, 224, 225.

García Márquez, Gabriel
42, 175.

Glauber Rocha
16.

Gus Van Sant
189, 190, 191, 192, 193, 194, 195.

heavy metal
27.

hedonismo
21, 22, 23, 24, 31, 32, 63, 64, 65.

história da filosofia
44, 45, 46, 49, 50, 175, 176, 177, 214, 215, 216, 217, 218.

história da música
151, 152, 153, 154, 155, 156.

juventude
13, 14, 15, 55, 56, 57, 58, 63, 64, 65, 139, 149, 183, 184, 185, 186, 187, 188, 194, 195.

Libertadores da América
33, 35, 133, 134, 135, 136, 199.

literatura russa
72, 73, 74, 78, 79.

loucura
13, 14, 15, 51, 52, 108, 109, 110, 111, 112, 113, 118, 119, 130, 157, 158.

marxismo
41, 42, 43, 53, 54, 55, 97, 108, 109, 110, 111, 112, 113, 119, 120, 121, 122, 123, 124, 125, 139, 141, 142, 143, 144, 159, 160, 161.

megalomania
37, 38, 39, 40, 55, 56, 57, 58, 63, 64, 65, 108, 109, 110, 111, 112, 113, 130, 184, 185, 186.

metafísica
19, 20, 21, 37, 38, 39, 40, 41, 42, 43, 44, 45, 46, 49, 50, 68, 69, 70, 132, 133, 204, 205, 206. 207, 208, 209, 210, 211, 212, 213.

Metalinguagem (isto é, Literatura!)
37, 38, 39, 40, 58, 59, 60, 72, 73, 74, 77, 78, 79, 132, 133, 166, 202, 203.

Michael Jackson
24, 25, 26, 27, 28.

mídias digitais
16, 17, 18, 19, 70, 71, 157, 158, 197, 198.

mitologia
28, 29, 30, 200, 201, 204, 205, 206, 207, 208, 209, 210, 211, 212, 213.

monoteísmos
79, 80, 116, 117.

Música
21, 22, 23, 24, 25, 26, 27, 28, 151, 152, 153, 154, 155, 156.

música pop
24, 25, 26, 27, 28.

Nietzsche, Friedrich
37, 38, 39, 40, 41, 42, 43, 44, 45, 62, 63, 65, 66, 67, 68, 69, 70, 81, 108, 109, 110, 111, 112, 113, 115, 121, 139, 140, 141, 142, 143, 144, 151, 152, 153, 154, 155, 156, 165, 176.

niilismo
31, 43, 44, 45, 46, 49, 50, 65, 66, 67, 76, 77, 78, 94, 95, 137, 140, 141, 151, 152, 153, 154, 155, 156, 175, 176, 177, 182.

Orkut
17, 25, 158, 167, 197.

pensamento único (filosofia)
19, 20, 21, 44, 45, 46, 65, 66, 67, 68, 69, 70, 119, 120, 121, 122, 123, 124, 125, 132, 133.

Platão
41, 45, 49, 50, 52, 68, 110, 204, 205, 206, 207, 208, 209, 210, 211, 212, 213, 214, 215, 216, 217, 218.

Poesia
18, 19, 20, 21, 40, 41, 48, 49, 50, 60, 61, 72, 73, 80, 81, 82, 83, 118, 119, 162, 167.

politeísmos
83.

Política
41, 42, 43, 87, 88, 89, 90, 91, 92, 93, 94, 96, 97, 98, 99, 114, 115, 116, 117, 119, 120, 121, 122, 123, 124, 125, 126, 127, 139, 178, 179, 180, 181.

CILA OU CARIBDE

Prosa não-ficcional (biográfica!)
13, 14, 15, 21, 22, 23, 24, 28, 29, 30, 32, 37, 38, 39, 40, 44, 45 46, 47, 48, 55, 56, 57, 58, 59, 60, 63, 64, 65, 80, 81, 108, 109, 110, 111, 112, 113, 118, 119, 130, 131, 139, 157, 158, 159, 163, 164, 165, 173, 174, 175, 176, 177, 183, 184, 185, 186, 187, 188, 195, 196, 197, 198.

Psicologia
16, 17, 18, 62, 145, 146, 147, 148, 149, 150, 159, 160, 161, 167, 168, 169, 170, 171, 172, 188, 189, 195, 196.

questão da mulher ou questão feminista, a
84, 85, 86.

revolução política
26, 41, 42, 43, 53, 66, 96, 97, 114, 115, 116, 119, 120, 121, 122, 123, 124, 125, 139, 152.

Sartre, Jean-Paul
16, 45, 68, 165.

sexo
32, 62, 84, 85, 86, 92, 93, 94.

Sobrenatural de Almeida
133, 134, 135, 136.

Sociedade
16, 17, 18, 21, 22, 23, 24, 31, 32, 48, 49, 62, 63, 64, 65, 70, 71, 84, 85, 86, 92, 93, 94, 99, 100, 101, 102, 103, 103, 105, 106, 107, 108, 127, 128, 129, 140, 141, 145, 146, 147, 148, 149, 150, 157, 158, 175, 176, 177, 188, 189, 190, 191, 192, 193, 194, 195, 197, 198, 199.

Sonhos
53, 54, 55, 75, 118, 119.

suicídio
62, 175, 176, 177, 182, 184.

superstições
44, 45, 46, 47, 48.

violência
79, 80, 164, 170, 189, 190, 191, 192, 193, 194, 195.

Vittorio de Sica
178, 179, 180, 181.

X-TudoTudo
139, 190, 200.

Zaratustra
19, 39, 68, 69, 80, 140, 142, 143, 152, 156.

Zidane, Zinedine
219, 220, 222, 225.

CILA OU CARIBDE

Êxtase e Auto-glorificação